Schriftenreihe

Strafrecht

in Forschung und Praxis

Band 2

ISSN 1615-8148

In der Schriftenreihe **Strafrecht in Forschung und Praxis** werden neue wissenschaftliche Ansätze und Praxis-Projekte aus strafrechtlichen Themenbereichen veröffentlicht.

Verlag Dr. Kovač

Frank Lüthe

Zur Strafbarkeit eigenmächtiger Leichenteilentnahmen durch Ärzte

gemäß § 168 Abs. 1, 1. Alternative StGB

Verlag Dr. Kovač

VERLAG DR. KOVAČ

Arnoldstraße 49 · 22763 Hamburg · Tel. 040 - 39 88 80-0 · Fax 040 - 39 88 80-55

E-mail vdk@debitel.net · Internet www.verlagdrkovac.de

Die Deutsche Bibliothek - CIP-Einheitsaufnahme

Lüthe, Frank:
Zur Strafbarkeit eigenmächtiger Leichenteilentnahmen durch Ärzte gemäß § 168 Abs. 1, 1. Alternative StGB / Frank Lüthe. – Hamburg : Kovač, 2001
(Schriftenreihe Strafrecht in Forschung und Praxis ; Bd. 2)
Zugl.: Rostock, Univ., Diss., 2001

ISSN 1615-8148
ISBN 3-8300-0413-3

Gedruckt auf säurefreiem, alterungsbeständigem Recyclingpapier „RecyStar“
(Nordic Environmental Label – Blauer Engel – DIN ISO 9706)

Inhalt

Vorwort

Der Tod des Menschen stellt den Gesetzgeber -und mit ihm den Juristen- vor schwierige Aufgaben. Es sind Entscheidungen zu treffen und Wertungen zu fällen, die in die Grenzbereiche der Medizin, der Philosophie und der Religion führen. Naturgemäß sind die damit zusammenhängenden Fragen höchst umstritten. Ob es um die Frage geht, wann ein Mensch tot ist, ob man ihm bei seinem Wunsch zu sterben helfen darf und wenn ja wie, oder ob es um die Behandlung des Verstorbenen geht, die Probleme werden nicht geringer. Jüngst hat die Niederlande ein Gesetz zur Sterbehilfe auf den Weg gebracht und dadurch eine scharfe Kontroverse in den europäischen Ländern ausgelöst, nicht zuletzt in dem wegen seiner Euthanasie-Vergangenheit vorbelasteten Deutschland.

Als die hier vorliegende Arbeit im April 1998 fertiggestellt war, vermutete ich, daß der für die Hinterbliebenen einschneidenste Bereich der im Zusammenhang mit § 168 StGB relevanten Behandlung des Leichnams nunmehr durch die Schaffung des Transplantationsgesetzes eine eindeutige Regelung gefunden hatte. Im letzten Jahr erhielt das Thema der Arbeit aber unerwartete Brisanz: Englische und australische Eltern mußten erfahren, daß ohne ihr Wissen ihren verstorbenen Kindern Organe entnommen wurden und diese zur Forschung oder zu Ausbildungszwecken auch nach Übergabe des Leichnams zur Beerdigung in der Klinik verblieben. Die Vorstellung, ihr Kind nicht vollständig beerdigt zu haben, führte zu starker Erschütterung. Einige Eltern verlangten die Herausgabe und es kam zu einer zweiten Beerdigung.

Die Diskussion über den in dieser Arbeit im Mittelpunkt stehenden Gewahrsamsbegriff hat ebenfalls noch nicht ihr Ende gefunden. In der Strafrechtswissenschaft findet immer mehr eine Hinwendung zu einem sozialen Gewahrsamsbegriff statt. Ich habe lediglich Literatur bis 1998 berücksichtigen können, möchte aber insbesondere auf die Kommentierung des § 242 StGB von Hoyer in der 6. Auflage des Systematischen Kommentars zum StGB hinweisen, dort Randnummer 27 ff. Die Schwierigkeiten, die die Realität einer zulänglichen Definition macht, zeigt meines Erachtens vor allem, wie Anspruchsvoll es ist, einen Gesetzestext zu schaffen, der die vielfältigen möglichen Verhaltensweisen der Menschen mit einbeziehen muß.

Frau Prof. Dr. Gabriele Wolfslast danke ich herzlich für ihre Unterstützung bei der Erstellung der Arbeit. Mein besonderer Dank gilt freilich meiner Mutter, die mir einen ganz und gar nicht selbstverständlichen Berufs- und Lebensweg ermöglichte.

Düsseldorf, 01. Mai 2001

Abkürzungsverzeichnis

a.A.	anderer Ansicht
a.a.O.	am angegebenen Ort
abl.	ablehnend
Abs.	Absatz
AcP	Archiv für die civilistische Praxis
a.E.	am Ende
a.F.	alte Fassung
AG	Amtsgericht
AGBG	Gesetz zur Regelung des Rechts der Allgemeinen Geschäftsbedingungen
A.L.R.	Allgemeines Landrecht für Preußen
Alt.	Alternative
Art.	Artikel
BA	Blutalkohol
BGB	Bürgerliches Gesetzbuch
BGBl.	Bundesgesetzblatt
BGH	Bundesgerichtshof
BGHSt	Entscheidungen des Bundesgerichtshofs in Strafsachen
BGHZ	Entscheidungen des Bundesgerichtshofs in Zivilsachen
bgr.	begründet
BKartA	Bundeskartellamt
BSeuchG	Bundesseuchengesetz
BSG E	Entscheidungen des Bundessozialgerichts
Bt-Drs.	Bundestagsdrucksache
BVerfGE	Entscheidungen des Bundesverfassungsgerichts
bzw.	beziehungsweise
d.h.	das heißt
Dig.	Digesten
Diss.	Dissertation
DVBl.	Deutsches Verwaltungsblatt
Einl.	Einleitung
f(f)	folgende Seite(n)
FamRZ	Ehe und Familie im privaten und öffentlichen Recht. Zeitschrift für das gesamte Familienrecht
G	Gesetz
GA	Goltdammer`s Archiv für Strafrecht

GBl.DDR	Gesetzblatt der Deutschen Demokratischen Republik
gem.	gemäß
GG	Grundgesetz
h.L.	herrschende Lehre
Hrsg/hrsg	Herausgeber/herausgegeben
HS.	Halbsatz
i.E.	im Ergebnis
Internist	Der Internist
i.S.d.	im Sinne des
i.S.v.	im Sinne von
i.V.m.	in Verbindung mit
JA	Juristische Arbeitsblätter
JR	Juristische Rundschau
JuS	Juristische Schulung
JW	Juristische Wochenschrift
JZ	Juristen Zeitung
KG	Kammergericht
LG	Landgericht
MDR	Monatszeitschrift für Deutsches Recht
Med.Klin.	Medizinische Klinik
MedR	Medizinrecht
MMW	Müncher Medizinische Wochenschrift
m.w.N.	mit weiteren Nachweisen
n.F.	neue Fassung
NJW	Neue Juristische Wochenschrift
NJW-RR	Rechtssprechungsreport der Neuen Juristischen Wochenschrift
a.ä.	oder ähnlich
OLG	Oberlandesgericht
RGSt	Entscheidungen des Reichsgerichts in Strafsachen
Rn.	Randnummer
RStGB	Reichsstrafgesetzbuch
RVO	Reichsversicherungsordnung
S.	Seite(n)
SGB VII	Siebtes Sozialgesetzbuch
SGB X	Zehntes Sozialgesetzbuch
sog.	sogenannte
StGB	Strafgesetzbuch
StPO	Strafprozeßordnung

usw.	und so weiter
UWG	Gesetz gegen den unlauteren Wettbewerb
VersR	Versicherungsrecht
vgl.	vergleiche
VRS	Verkehrsrechtssammlung
z.B.	zum Beispiel
ZBl. Allg. Path.	Zentralblatt für Allgemeine Pathologie und Pathologische Anatomie
ZRP	Zeitschrift für Rechtspolitik
ZStW	Zeitschrift für die gesamte Strafrechtswissenschaft

§ 1 Einleitung

A. Die Totenverehrung

Seit jeher beschäftigt den Menschen der Gedanke, daß er nach seinem Tode nicht mehr Herr über seinen "zum Objekt gewordenen Menschenrest[1]", über seinen Leib ist.

Die Frage, was mit einem nach dem Tod passiert und die Vorstellung, den eigenen Körper nicht mehr vor ungewollten Behandlungen schützen zu können, kann den noch Lebenden in seinem Lebensgefühl beeinträchtigen[2] und beschäftigt Angehörige nicht minder[3].
Der Gedanke an den "hilflosen" Körper ist deshalb so bedrückend, weil die Selbstidentifikation sich nicht nur auf den eigenen Geist, sondern eben auch auf dessen körperliche Hülle bezieht. Ebenso sieht jeder Mensch in dem Körper des anderen nicht nur den Ort der Persönlichkeit, sondern dessen Materialisierung.

Die Gleichsetzung der Persönlichkeit mit dem Körper ist besonders bei den Angehörigen des Verstorbenen ausgeprägt, wie die Rituale zur Bestattung des Leichnams zeigen. Zwar wird nicht die Persönlichkeit selbst "zu Grabe getragen", denn sie lebt gleichsam in der Erinnerung der Angehörigen fort. Aber die sterbliche Hülle repräsentiert als "Rückstand der Persönlichkeit"[4] den Verstorbenen derart, daß sich das Gefühl der Verbundenheit mit dem Lebenden an dessen Leichnam fortsetzt.

Die Achtung der körperlichen Hülle, durch die sich die Persönlichkeit der Umwelt mitteilte, ist ein dringendes Bedürfnis für den überwiegenden Teil der Menschheit und zentrales Moment des religiösen Totenkults. Mögen die Toten beerdigt, mumifiziert oder verbrannt worden sein, das Gefühl der Totenverehrung beseelt die Menschen bereits seit über 100.000 Jahren[5].

---

1 von Bubnoff, S. 72.
2 Carstens, S. 116 f; Wolfslast, MMW 124 (1982), S. 105.
3 So auch Stentenbach, S. 2.
4 von Bubnoff, a.a.O..
5 Zur "Geschichte der Bestattung" vgl. Gaedke, S. 1 ff.

Die strafrechtliche Sanktion der Mißachtung des Respektes gegenüber dem Verstorbenen findet sich heute in § 168 StGB[6].

Unproblematisch strafbar ist nach § 168 Abs. 2 StGB z.B. die Schändung bzw. Zerstörung von Grabstätten[7].
Aktuelle Relevanz erhält die Regelung dabei insbesondere bei der Bestrafung des rechtsradikalen Pöbels wegen der Beschmierung von Grabsteinen oder gar Zerstörung von Gräbern Deutscher jüdischen Glaubens.

Dagegen hat die sog. "Leichenfledderei", die ein Hauptanwendungsfall der "Störung der Totenruhe" zu einer Zeit war, als z.B. die Anatomie noch eine heimliche Wissenschaft sein mußte, jegliche Bedeutung verloren. Die medizinische Wissenschaft hat heute glücklicherweise anderweitige Möglichkeiten, Leichen zu erhalten, als diese aus Gräbern zu "stehlen"[8].

Der enorme medizinischen Fortschritt brachte allerdings andere Interessen an den Körpern von Verstorbenen mit sich:
Wie im folgenden zu zeigen sein wird, stellt sich im Rahmen des medizinischen Interesses am Leichnam im 20. Jahrhundert weniger das Problem der Wegnahme von ganzen Leichen als von einzelnen Leichenteilen[9].

B. Die Leichenteilentnahme

I. Die Organentnahme zum Zwecke der Transplantation

Seit der ersten Nierenübertragung in Deutschland 1963[10] gehört die Organtransplantation zu den spektakulärsten Behandlungs-methoden der modernen Medizin. Patienten, die sich mit schwersten Erkrankungen oder gar dem Tode

6 Bei ehrkränkendem Charakter kommen auch Beleidigungsdelikte in Betracht, vgl. LK-Dippel, § 168, Rn. 4.
7 Siehe hierzu unten, § 2, K..
8 Die heimliche Entnahme von Leichnamen durch Wissenschaftler aus Leichenhäusern oder Gräbern in den vorigen Jahrhunderten dürfte zur Entstehung des Frankenstein-Mythos beigetragen haben.
9 So auch Stentenbach, S. 2 f.
10 Die ersten Übertragungen fanden statt bei der Leber 1969, dem Herzen 1969, der Bauchspeicheldrüse 1979 und der Lunge (isoliert) 1987; sämtliche statistischen Angaben zu Organtransplantationen wurden mir freundlicherweise von der Deutschen Stiftung Organtransplantation, Emil von Behring-Passage, 63263 Neu-Isenburg, zur Verfügung gestellt.

abfinden müßten, können durch die Möglichkeit einer Organverpflanzung wieder Hoffnung auf eine nahezu uneingeschränkte Lebensführung schöpfen[11].

In Deutschland sind von 1963 bis Ende des Jahres 1997 insgesamt 46.954 Organe übertragen worden. Den größten Anteil bilden Nierentransplantationen mit 34.900. Es folgen Herz-(5.207) und Lebertransplantationen (5.463). Weniger häufig sind Übertragungen der Bauchspeicheldrüse (721) und der Lunge (663).

Bisher ist es der Transplantationsmedizin nicht gelungen, Implantate künstlich herzustellen, so daß auf Transplantate Lebender oder Toter nicht verzichtet werden kann[12].

Die Diskrepanz zwischen dem Bedarf an Spenderorganen und der Zahl der Transplantationen nimmt ständig zu. Anfang 1997 warteten in Deutschland fast 10.000 Dialysepatienten auf eine Niere, verpflanzt werden konnten bis Ende des Jahres 2.249[13]. Jährlich werden mindestens 1.000 Transplantationen von Herz und Leber benötigt[14]. Ein Teil der schwerkranken Patienten stirbt während der Wartezeit[15].

Wichtig für den Erfolg einer Transplantation ist die Verträglichkeit des Organs mit dem Empfängerorganismus. Die Chancen für günstige biologische Paßverhältnisse steigen dabei naturgemäß, wenn eine möglichst große Anzahl von Spendern auf eine möglichst große Anzahl von möglichen Empfängen trifft[16].

Diese Erkenntnis führte Ende der sechziger Jahre zu der Koordinierung des Organaustauschs für die Länder Belgien, Deutschland, Niederlande, Luxemburg und Österreich durch die im niederländischen Leiden gegründete gemeinnützige *Stichting Eurotransplant International Foundation* (Eurotransplant)[17]. Das *Kuratorium für Dialyse und Nierentransplantation e. V.* (KfH), die *Deutsche Stiftung Organtransplantation* (DSO) und die Kranken-

---

11 Holznagel, DVBl. 97, S. 393.

12 Vgl. Stentenbach, S. 2; Grewel, ZRP 95, S. 217.

13 1996: 2.016; 1995: 2.128.

14 Tatsächlich erfolgten Transplantationen von Herzen 1997: 562; 1996: 510; 1995: 498 und von Lebern 1997: 762; 1996: 699; 1995: 595.

15 Presseerklärung der Deutschen Stiftung Organtransplantation vom 22.01.1997.

16 Vgl. Holznagel, DVBl. 97, S. 394.

17 Zur Organverteilungspraxis von Eurotransplant vgl. Conrads, MedR 1996, S. 300 ff.

kassenverbände auf Bundesebene haben für die deutschen Transplantationszentren mit Eurotransplant letztmals am 19.06.1989 einen Vertrag über die Vermittlung von Herzen, Nieren, Lebern, Lungen und Bauchspeicheldrüsen geschlossen. Darin werden die Transplantationszentren verpflichtet, bei sämtlichen Transplantationsfällen die Austausch- und Vermittlungskriterien des Verbundes einzuhalten. Sanktionsmöglichkeiten bei Regelverstößen existieren jedoch nicht[18].

Seit Beginn der Zusammenarbeit ist Deutschland "Importland" für Organe. 1997 wurden 313 Organübertragungen mehr durchgeführt, als in Deutschland gespendet wurden[19].

Eine Erhöhung der Spendebereitschaft erhofft man sich durch das am 1.12.1997 in Kraft getretene[20] Gesetz über die Spende, Entnahme und Übertragung von Organen (Transplantationsgesetz - TPG) vom 5. November 1997[21].

Mit der Verabschiedung dieses Gesetzes endet eine lange Phase der parlamentarischen Auseinandersetzung mit der Transplan-tation in Deutschland. Seit Beginn der siebziger Jahre[22] wurde um eine gesetzliche Regelung gerungen. Der erste Entwurf der Bundesregierung für ein Transplantationsgesetz stammt aus dem Jahre 1988[23].

Im wesentlichen wurde durch das TPG die Ansicht der h. L. und der Praxis über die Voraussetzungen einer zulässigen Transplantation übernommen[24]. Das TPG gilt für alle menschlichen Organe, Organteile und Gewebe[25], die zum Zwecke der Übertragung auf andere Menschen gespendet oder entnommen werden, für die Übertragung selbst und die Vorbereitung der Maßnahme, § 1 TPG. Der Organentnahme muß entweder der Organspender vor seinem Tod (§ 3 Abs. 1 Nr. 1 TPG) oder dessen Angehörige nach seinem Tod (§ 4

18 Zu den Problemen der bisherigen Vermittlungspraxis vgl. Holznagel, DVBl. 97, S. 395.
19 1996: 207; 1995: 279.
20 § 26 TPG
21 BGBl. I, S. 2613 ff.
22 Vgl. z.B. Kuckuk, JR 74, S. 410 ff, über den Hamburger "Entwurf zur strafrechtlichen Regelung der Organtransplantation".
23 Vgl. zum Gesetzgebungsverfahren Deutsch, NJW 98, S. 777.
24 So auch Deutsch, NJW 98, S. 780.
25 Ausgenommen sind Blut und Knochenmark sowie embryonale und fetale Organe und Gewebe, § 1 Abs. 2 TPG.

Abs. 1 TPG[26]) zugestimmt haben. Hat der Organspender der Organentnahme widersprochen, ist sie unzulässig, § 3 Abs. 2 Nr. 1 TPG. Der Tod ist von zwei unabhängig von einander untersuchenden Ärzten festzustellen, die an der Transplantation nicht beteiligt sind, § 5 TPG. Bei der Entnahme ist die Würde des Organspenders zu beachten und der Leichnam ist in einem würdigen Zustand zur Bestattung zu übergeben, § 6 TPG. Gemäß § 7 TPG haben Ärzte, Pathologen und Behörden, in dessen Obhut sich ein Leichnam befindet, auf Verlangen dem Arzt, der eine Organentnahme nach § 3 oder § 4 TPG beabsichtigt, Auskunft zu erteilen[27].

Die Entnahme der Organe Herz, Niere, Leber, Lunge, Bauchspeicheldrüse und Darm dürfen nur in dafür zugelassenen Transplantationszentren (§ 10 TPG) vorgenommen werden, wobei bei der Organentnahme nach §§ 3 und 4 TPG eine Transplantation nur nach Vermittlung über eine zu gründende Vermittlungsstelle gemäß § 12 TPG vorgenommen werden darf, § 9 TPG. Nach § 12 Abs. 2 TPG darf auch eine geeignete Einrichtung außerhalb Deutschlands mit der Vermittlung beauftragt werden, womit offenbar auf Eurotransplant angespielt wird[28]. Der bestehende Vertrag mit Eurotransplant kann daher durch die im TPG vorgesehenen Stellen, wie Bundesärztekammer, die Spitzenverbände der Krankenkassen, die Deutsche Krankenhausgesellschaft oder die Bundesverbände der Krankenhausträger gemeinsam, übernommen werden. Die Durchführung ist schließlich über eine neu zu schaffende Einrichtung zu koordinieren, § 11 TPG.

Da bis auf die Verpflichtung zur Schaffung von Vermittlungs- und Koordinierungsstellen im wesentlichen die bis heute durchgeführte Praxis festgeschrieben wurde, wurde durch das Inkrafttreten des TPG vor allen Dingen Rechtssicherheit und Rechtsklarheit geschaffen[29]. Durch Transparenz, Sicherheit und mehr Information erhofft man sich eine größere Bereitschaft in der Bevölkerung, eine Entscheidung über die Organspende bereits zu Lebzeiten zu treffen[30].

---

26 Die Angehörigen sind in einer bestimmten Reihenfolge mit Ausnahmeregelung in § 4 Abs. 2 TPG festgeschrieben; vgl. hierzu auch Deutsch, NJW 98, S. 779.

27 Vgl. zur Informationsverpflichtung über alle Spendefälle und wartenden Transplantationskandidaten gegenüber dem Eurotransplant-Verbund Conrads, MedR 96, S. 300.

28 Ebenso Deutsch, NJW 98, S. 780.

29 Deutsch, NJW 98, S. 782.

30 Presseerklärung der Deutschen Stiftung Organtransplantation vom 19.01.1998.

II. Die Entnahme von Leichenteilen zur anderweitigen Nutzung

Eine Organ-, Organteil- oder Gewebeentnahme kommt nicht nur zum Zwecke der Transplantation in Betracht.
Insbesondere die Pharmaindustrie hat ein erhebliches Interesse an den als Rohstoff für die Gewinnung von Medikamenten nutzbaren Leichenteilen, beispielsweise an Hirnhäuten[31]. Die nicht sichtbare Entnahme und die Lieferung an interessierte Firmen geschieht dabei ohne die Hinterbliebenen zu fragen, um diese nicht zusätzlich zu belasten[32]. Auch werden z.B. aus Schwangerschaftsabbrüchen erlangte Embryonen und Feten an die Kosmetikindustrie verkauft, die diese zur Herstellung von Hautcremes nutzt[33].

III. Klinische Sektionen

Den neben der Transplantation wichtigsten Problemkreis stellen klinische Sektionen dar[34].

Die klinische Sektion ist für die Ärzteschaft von erheblichem Interesse. Durch Sektionen können praktische Erfahrungen über Krankheiten gewonnen werden, Medizinstudenten erhalten die Chance, sich mit dem komplexen Bild von Krankheiten, diagnostischen Abläufen und dem Irrtum der Diagnosestellung vertraut zu machen, so daß bei hohen Studentenzahlen der Orientierung fort vom Patienten und hin zu Text und Bild entgegengewirkt werden kann. Die Sektion dient der Qualitätssicherung der Diagnostik und Therapie des Arztes durch Selbstkontrolle[35]. Auch werden der Sektion die Kenntnis neuer Krankheiten verdankt[36].

---

31 Vgl. AG Berlin-Tiergarten, NJW 96, S. 3092; Grewel, ZRP 95, S. 218,

32 Schreiber, Klug-FS, S. 348, Fn. 42, über den Bericht des Rechtsmediziners Spann laut Süddeutscher Zeitung vom 24.09.1982.

33 Vgl. unten, § 2, J..

34 Der Begriff der Sektion ist, ebenso wie die Begriffe Obduktion, Autopsie oder Leichenöffnung, ein gängiges Synonym für die innere Leichenschau. Der Begriff der klinischen Sektion dient dabei der Abgrenzung zu Sektionen, die, zu anderen Zwecken durchgeführt, gesetzlich vorgeschrieben sind, wie z.B. die strafprozessuale Sektion, die Feuerbestattungssektion, die sog. Verwaltungssektion und die Versicherungssektion, vgl. hierzu ausführlich Steffen, S. 18 ff, und zur Verwaltungssektion unten, § 6, C. I. 2..

35 Vgl. zu den einzelnen Zielsetzungen und Chancen durch Sektionen Steffen, S. 23 ff; Kößling, MedR 91, S. 247 f.

36 Jansen, MedR 91, S. 247, nennt hierfür das Pleuramesotheliom (Rippenfellkarzinom) bei Asbestose, die Legionärskrankheit, das toxische Schocksyndrom und als jüngstes und eindrucksvolles Beispiel das Aids-Syndrom.

Zur Erreichung dieser Ziele ist eine hinreichend hohe Anzahl von Sektionen entscheidend.
Der Direktor des Pathologischen Instituts der Städtischen Kliniken Darmstadt, Prof. Dr. med. Hans Helmut Jansen, sieht daher auch die Folgen einer zu niedrigen Sektionsfrequenz darin, daß sich die Qualitätssicherung der ärztlichen Diagnostik ebenso, wie die Fort- und Weiterbildung von Ärzten innerhalb und außerhalb des Fachs Pathologie entscheidend verschlechtere, die Erkennung neuer Krankheiten verzögert werde oder ganz unterbliebe, Versicherungs- und arbeitsrechtliche Probleme zum Nachteil der Hinterbliebenen ungelöst blieben und verläßliche Aussagen über den Einfluß von Umweltschäden durch detailierte Kenntnis bestimmter bei Sektionen erkannter Organveränderungen nicht hinreichend gewonnen werden könnten[37].

Demgegenüber sinkt die Sektionsquote in Deutschland beständig. Wurden Anfang der achtziger Jahre noch 60.000 klinische Sektionen durchgeführt, was etwa 10% aller Verstorbenen entspricht, wird die Zahl Anfang der neunziger Jahre nur noch auf 50.000 Sektionen mit einer Sektionsquote von 8% geschätzt[38]. Hauptursache für rückläufige Sektionsfrequenz dürfte der Umstand sein, daß es in Deutschland für die klinische Sektion- anders als nunmehr für die Transplantation- keine gesetzliche Regelung gibt[39].

Eine einheitliche, verbindliche oder auch nur überwiegend angewandte Sektionstechnik gibt es nicht[40].
Gemeinsam ist diesen Techniken, daß zwar soweit möglich, die herausgenommenen Organe nach der Untersuchung dem Leichnam wieder zur Bestattung beigegeben werden sollen[41]. Es ist aber heute vielfach geübte Praxis, den Leichnam bereits vor Abschluß der Laboruntersuchungen nur kosmetisch wieder herzustellen, wobei die Körperhöhlen mit Füllmaterial, beispielsweise Zellstoff oder Holzwolle gefüllt werden.
Die Organe werden nach ihrer Untersuchung in den klinischen Abfall entsorgt [42].

---

37 Jansen, MedR 91, S. 247.
38 Jansen, MedR 91, S. 246; Steffen, S. 25.
39 Jansen, MedR 91, S. 247.
40 Zu den einzelnen Techniken vgl. Steffen, S. 29 f.
41 Lange Zeit wurde einer Sektion eine korrekte Durchführung nur im Fall der vollständigen Zurücklegung aller entnommenen Bestandteile zugebilligt, vgl. Kohlhaas, NJW 67, S. 1489 ff.
42 AG Berlin-Tiergarten, NJW 96, S. 3092; Steffen, S. 29 f.

C. Problemstellung

Die häufig innerhalb der medizinischen Wissenschaft vertretene Anschauung, daß der Tod des Einzelnen dem Ganzen dienen solle, steht den Vorstellungen der Angehörigen von Verstorbenen, deren Interesse oftmals die unangetastete Bestattung ist, diametral gegenüber.

Nicht die Frage, ob und unter welchen Voraussetzungen die Entnahme von Teilen des menschlichen Körpers erlaubt ist, soll hier nun untersucht werden[43]. Es geht vielmehr um die Frage, ob eine Entnahme in einer Klinik durch Ärzte gegen oder ohne den Willen der Angehörigen gem. § 168 Abs. 1, 1. Alt. StGB bei Strafe verboten ist.

Zivilrechtlich besteht heute nahezu Einigkeit darüber, daß die eigenmächtige Vornahme sowohl der Sektion[44], als auch der Explantation[45] rechtswidrig ist[46].

Weiterhin herrscht insoweit Einigkeit, daß lediglich § 168 StGB für die strafrechtliche Verfolgung in Betracht kommt[47].
In § 168 Abs. 1, 1. Alt. StGB wird ausdrücklich auch die unbefugte Wegnahme von Teilen des Körpers eines verstorbenen Menschen unter Strafe gestellt. Sofern allerdings die entnehmenden Ärzte selbst Gewahrsam am Leichnam haben, können sie diesen durch Leichenteilentnahmen nicht brechen, d.h., auch ohne eine Befugnis zur Entnahme ist eine "Wegnahme" im Sinne eines Gewahrsamsbruchs dann nicht möglich. Die Bejahung der Strafbarkeit einer eigenmächtigen Entnahme nach § 168 Abs. 1, 1. Alt. StGB setzt daher voraus, daß nicht die entnehmenden Ärzte, sondern vielmehr die Angehörigen des Verstorbenen als Berechtigte im Sinne des Tatbestandes zum Zeitpunkt der Entnahme Gewahrsam i.S.v. § 168 StGB haben.

Eine wohl noch überwiegende Ansicht, zu der auch insbesondere die Staatsanwaltschaften und die Rechtsprechung tendieren, sieht in den handelnden Ärzten die Gewahrsamsinhaber und verneint daher die Tatbestandsmäßigkeit der Entnahmen.

---

43 Vgl. hierzu auch die Arbeiten von Albrecht und Carstens.
44 Z.B. LG Bonn, JW 28, S. 2294.
45 Z.B. LG Bonn, JZ 71, S. 56.
46 Vgl. LK-Dippel, § 168, Rn. 4; Linck, JZ 73, S. 759 m.w.N..
47 Vgl. Dippel a.a.O..

Die Situation, trotz unbefugter eigenmächtiger Entnahme eine Bestrafung der Ärzte nicht erreichen zu können, führte dazu, daß nunmehr im TPG die Verletzung der Zulässigkeitsvorschriften über die Organentnahme bei toten Organspendern in §§ 3 und 4 TPG in selber Höhe mit Strafe bedroht wird, wie die Verletzung des § 168 StGB, § 19 Abs. 1 TPG.
Die Ansicht zur fehlenden Strafbarkeit nach § 168 StGB ist seit den sechziger Jahren nicht unangefochten geblieben, so daß der Streit, wie in dieser Arbeit darzulegen sein wird, noch immer einer abschließenden Klärung bedarf. Denn auch wenn für die Explantation zu Transplantationszwecken die Frage der Strafbarkeit nach § 168 StGB wegen der Regelung des § 19 Abs. 1 TPG an Relevanz verloren hat, bleibt sie für die anderweitigen Entnahmen entscheidend[48].

Die Frage einer Rechtfertigungsmöglichkeit schließlich bleibt auch für den Transplantationsbereich aktuell, denn ein Ausschluß des Notstandes, wie im Entwurf des Bündnis 90/ Die Grünen vorgesehen, wurde in das TPG nicht aufgenommen[49].

48 Vgl. z.B. die Arbeit von Steffen zur Strafbarkeit klinischer Sektionen.
49 So auch Deutsch, NJW 98, S. 780.

§ 2 Historische Entwicklung des § 168 StGB

Die heutige Fassung des § 168 StGB lautet[50]:

"(1) *Wer unbefugt aus dem Gewahrsam des Berechtigten den Körper oder Teile des Körpers eines verstorbenen Menschen, eine tote Leibesfrucht, Teile einer solchen oder die Asche eines verstorbenen Menschen wegnimmt oder wer daran beschimpfenden Unfug verübt, wird mit Freiheitsstrafe bis zu drei Jahren oder mit Geldstrafe bestraft.*

(2) *Ebenso wird bestraft, wer eine Aufbahrungsstätte, Beisetzungsstätte oder öffentliche Totengedenkstätte zerstört oder beschädigt oder wer dort beschimpfenden Unfug verübt.*

(3) *Der Versuch ist strafbar.*"

Folgend soll die Entwicklung bis zur heutigen Fassung nachgezeichnet werden.

A. Römisches Recht

Im römischen Recht der Kaiserzeit taucht zum erstenmal eine strafrechtliche Ausformung des "Leichenraubes" und der "Gräberschändung" auf[51]. An Leichen war danach kein furtum, also Diebstahl, möglich, sondern nur das Spezialdelikt der "sepulcri violatio". Das römische Recht sah in dem Leichenraub und Gräberfrevel also ein Delikt sui generis[52].

Gegenstand des "sakralen Verbrechens" war sowohl der Leichnam vor und nach der Beerdigung als auch das Grab mit seinem Zubehör.
Die Tathandlung bestand in einer Beschimpfung des Leichnams "durch irgend einen mit ihm getriebenen Unfug, Störung desselben in seiner Ruhestätte, Zerstörung und Beschädigung des Grabes".
Das Herausziehen von Leichen oder Gebeinen aus der Grabstätte wurde mit dem Tode bestraft[53].

---

50 Inkraftgetreten am 1.04.1998, Art. 9 des 6. StRG, vgl. unten § 2, K..
51 Dig. 47. 12. 1. 3. § 7.
52 D.h. eigener Art.
53 Nachweise bei Blankenburg, S. 3 f.

B. Germanisches Recht

Mit der Strafandrohung gegenüber dem "Leichenschänder" sollte im germanischen Recht nicht das religiöse Gefühl der Überlebenden geschützt werden. Die Strafe diente vielmehr direkt der Versöhnung der zürnenden Götter. Mit der Sicherung von Leichnam und Grab sollte gleichsam das Besitztum Gottes gesichert werden[54].

Das fränkische Recht drohte dabei für die Störung des Totenfriedens, wie für alle anderen Friedensbrüche auch, die Friedlosigkeit an[55]. Der Betroffene wurde dadurch, da es sich bei Friedensbrüchen um schwerwiegende Verbrechen handelte, aus der Friedens- und Rechtsgemeinschaft ausgeschlossen, wodurch er jeglichen Rechtsschutzes entzogen zum Feind seines Volkes und Königs wurde.

Das Ziel, durch die Strafe die Götter zu versöhnen und nicht weltliche Sühne zu erreichen, zeigt sich dabei besonders durch den Umstand, daß der zur Friedlosigkeit Verurteilte nach seinem Tod nicht "zum Raube der Vögel und Tiere unbedeckt" liegengelassen, sondern ihm ein Grab als letzte Ruhestätte gewährt wurde[56].

C. Gemeines Recht

Das Gemeine Recht wandte für den "Leichenraub" die Grundsätze der sepulcri violatio des römischen Rechts analog an, ohne diese schriftlich festzuhalten. So fußt die Peinliche Gerichtsordnung Karls V. von 1532 auf dem Gedanken des römischen Rechts. Die sepulcri violatio ist nicht erwähnt. Trotzdem hielt das Gemeine Recht aber an der Strafbarkeit fest und verlangte unter Umständen, z.B. in Preußen 1620, die Todesstrafe für Leichenraub[57].

---

54 Blankenburg, S. 5.

55 lex Sal. emend. 55. II.

56 Blankenburg, S. 5 f.

57 Blankenburg, S. 6 m.w.N..

D. Allgemeines Landrecht

Das Preußische A.L.R. von 1794 Teil 2 Titel 20 Abschnitt 6, §§ 217 ff begann sich davon abzuwenden, den "Leichen- und Gräberfrevel" als Spezialdelikt zu behandeln.

Entgegen den Vorstellungen des römischen und gemeinen Rechts, die Wegnahme des Leichnams stelle eine Verletzung des dem Toten gewidmeten Gefühls dar, wurde darin nunmehr ein reines Sachdelikt gesehen, was zur Anwendung der Eigentumsdelikte führte. Die Religion sei nicht ihrer selbst wegen strafrechtlich zu schützen, sondern nur aus Rücksicht auf die durch die Religionsverletzung getroffene Allgemeinheit. Dem "Leichen- und Gräberfrevel" wurde dabei ein religiöser Charakter aberkannt. Das A.L.R. sah in der Entwendung eines Leichnams daher ein besonderes Diebstahlsdelikt, §§ 1153 bis 1155[58].

E. Die Leichenentwendung als Eigentumsdelikt in der Mitte des 19. Jahrhunderts

Die Partikulargesetzgebungen der einzelnen Staaten in der Mitte des 19. Jahrhunderts übernahmen im wesentlichen die Auffassung aus dem A.L.R., wonach es sich bei der Leichenentwendung um Eigentumsvergehen handelt und integrierten diese in die Abschnitte über "Diebstahl und Unterschlagung" bzw. "Diebstahl und Veruntreuung", z. B. in den Kriminalgesetzen für das Königreich Sachsen von 1838 und für das Königreich Hannover von 1840, sowie in den Strafgesetzbüchern des Königreichs Württemberg von 1839, für das Herzogtum Braunschweig von 1840 und für das Großherzogtum Hessen von 1841.

In Württemberg war die Strafe erhöht, wenn die Handlung in gewinnsüchtiger Absicht begangen wurde.

Die Regelungen für Braunschweig und Hessen sahen erstmals eine mildere Bestrafung für die Entwendung von Leichen und Leichenteilen zu wissenschaftlichen Zwecken vor.

Die thüringischen Staaten unterschieden zwischen der Entwendung der Leiche vom Friedhof und der Entwendung derselben aus dem Sterbehaus, welche schwerer bestraft wurde[59].

---

58 Eingehend Blankenburg, S. 7 f.

59 Blankenburg, S. 8 f m.w.N.. Blankenburg weist weiter darauf hin, daß das Kaisertum Österreich das Delikt ebenfalls nicht als Vergehen gegen die Religion ansah und es in seinem StGB

F. § 137 Preußisches StGB

Seinen Vorläufer findet § 168 StGB dagegen in § 137 Preußisches StGB von 1851:

"(1) *Wer unbefugt eine Leiche oder einen Theil derselben aus dem Gewahrsam der dazu berechtigten Personen wegnimmt, ingleichen wer unbefugt Gräber zerstört oder beschädigt, oder an denselben beschimpfenden Unfug verübt, soll mit Gefängnis von einem Monat bis zu zwei Jahren bestraft werden.*

(2) *Liegt der Handlung gewinnsüchtige Absicht zu Grunde, so ist zugleich auf zeitige Untersagung der Ausübung der bürgerlichen Ehrenrechte zu erkennen.*"

Eingefügt war § 137 Preußisches StGB im 10. Titel bei den Religionsdelikten. Damit hatte sich der Gesetzgeber dazu entschlossen, die Anwendung des Diebstahlstatbestandes auf die Entwendung von Leichen, "an welchen ein Eigentumsrecht nicht mehr zu behaupten sei", zu verneinen[60]. Mit der Verneinung des Eigentumsrechtes an einem Leichnam, welche den Diebstahlstatbestand ausschloß, kehrte die Mehrheit im Gesetzgebungsverfahren zu der Auffassung zurück, daß das "überwiegende bei diesem Vergehen" in der "Entheiligung und Verletzung des religiösen Friedens" zu sehen sei[61].

G. §§ 168 , 367 Ziff. 1 RStGB

Der Gesetzgeber des RStGB übernahm die Regelung des § 137 Preußisches StGB insofern, als nach § 168 RStGB insbesondere die Wegnahme einer Leiche und die Zerstörung oder Beschädigung eines Grabes unter Strafe gestellt wurde. Die geringste Strafandrohung war hierfür Gefängnisstrafe von einem Tag.

Eine Einordnung fand in den 11. Abschnitt, also bei den "Vergehen, welche sich auf die Religion beziehen", §§ 166 bis 168 RStGB, statt.
Entgegen der Entwicklung seit dem Allgemeinen Landrecht außerhalb Preußens wurde die "Leichenentwendung und der Gräberfrevel" in die Tradition der römischen und gemeinrechtlichen sepulcri violatio gestellt. Durch den strafrecht-

---

in den Abschnitt über die "Vergehen und Übertretungen gegen die öffentliche Ruhe und Ordnung" integrierte.

60 Goltdammer Materialien, Teil II, S. 270.

61 Goltdammer Materialien, Teil II, S. 271. Zum Gesetzgebungsverfahren vgl. eingehend Blankenburg, S. 9 f und unten, § 5, B. III. 2. b) aa).

lichen Schutz vor der Leichenentwendung sollte verhindert werden, daß beim "Volke die Meinung aufkomme, der Staat nehme am religiösem Gefühl im Volk keinen Anteil[62]."

Die Wegnahme von Teilen einer Leiche wurde in § 367 Ziff. 1 RStGB, dem sog. "Anatomieparagraphen"[63], der als § 367 Abs. 1 Nr. 1 StGB bis zu seiner Aufhebung 1974 fortgalt, geahndet[64]:

"*Mit Geldstrafe bis 180 Mark oder mit Haft wird bestraft*
1. wer ohne Vorwissen der Behörde einen Leichnam beerdigt oder bei Seite schafft, oder wer unbefugt einen Theil einer Leiche aus dem Gewahrsam der dazu berechtigten Person wegnimmt."

Durch die eingeführte Geldstrafe sollte die Gefängnisstrafe für Ärzte oder Studenten, die im wissenschaftlichen Interesse handelten, vermieden werden[65].

Strafbar war nach beiden Delikten nur die vollendete Begehung.

H. Das 3. Strafrechtsänderungsgesetz von 1953

§ 168 StGB erhielt folgende Fassung[66]:

"(1) *Wer unbefugt aus dem Gewahrsam des Berechtigten eine Leiche, Leichenteile oder die Asche eines Verstorbenen wegnimmt, wer daran oder an einer Beisetzungsstätte beschimpfenden Unfug verübt oder wer eine Beisetzungsstätte zerstört oder beschädigt, wird mit Gefängnis bis zu drei Jahren bestraft; auch kann auf Verlust der bürgerlichen Ehrenrechte erkannt werden.*

(2) *Der Versuch ist strafbar.*"

Zur Erhöhung des Schutzes wurden in den Tatbestand des § 168 StGB durch das 3. StÄG vom 4.08.1953 die Wegnahme von Leichenteilen und der Asche des Verstorbenen integriert. Ebenso wurde die Tatbestandsalternative des be-

62 Nachweise bei Blankenburg, S. 11.
63 Vgl. Stentenbach, S. 56, Fn. 3.
64 Wallberg in Holtzendorff, Handbuch des deutschen Strafrechts, S. 271.
65 Ebenda; vgl. auch Steffen, S. 49 f.
66 BGBl. I, S. 742.

schimpfenden Unfugs, die zuvor nur auf das Grab bezogen war, nun auch auf die Wegnahmeobjekte erweitert.
Zur Angleichung an die anderen "Religionsdelikte", § 166 StGB (Beschimpfung von Bekenntnissen, Religionsgesellschaften und Weltanschauungsvereinigungen) und § 167 StGB (Störung der Religionsausübung), wurde die Höchststrafe von 2 Jahren auf 3 Jahre angehoben.
Ebenso sollte durch die Einführung der Versuchsstrafbarkeit neben der Schutzverbesserung der Wertungswiderspruch zu § 304 StGB aufgehoben werden, denn unter die gemeinschädliche Sachbeschädigung nach § 304 StGB fällt auch die Beschädigung oder Zerstörung von Grabstätten und nach Abs. 2 ist der Versuch strafbar.
Wenn also die versuchte Beschädigung eines Grabmales strafbar sein sollte, so sollte die versuchte Beschädigung des Grabes ebenfalls verboten sein[67].

I. Die Entwürfe für ein Strafgesetzbuch von 1960 und 1962

Gegenstand der Kritik blieb auch nach dieser Erweiterung, daß die sog. "Leichenschändung" keinen Eingang in den Tatbestand gefunden hatte[68].
Die Entwürfe eines Strafgesetzbuches E 1960 und E 1962 sahen deshalb eine erhebliche Erweiterung des Regelungsinhalts in dem dort vorgeschlagenen § 191 vor:

"(1) *Mit Gefängnis bis zu drei Jahren oder mit Strafhaft wird bestraft, wer*
1. ohne Einwilligung des Berechtigten eine Leiche, Leichenteile oder die Asche eines Verstorbenen wegnimmt,
2. an einer Leiche, an Leichenteilen, an der Asche des Verstorbenen oder an einer Aufbahrungs-, Beisetzungs- oder Totengedenkstätte beschimpfenden Unfug verübt oder
3. eine Aufbahrungs-, Beisetzungs oder Totengedenkstätte zerstört oder beschädigt.

(2) *Der Versuch ist strafbar.*

67 Zum 3. StÄG vgl. BT-Drs. 1/3713, S. 37.
68 Vgl. LK-Dippel, § 168, Rn. 1 m.w.N..

(3) *Wer Schmuck von einer Aufbahrungs-, Beisetzungs- oder Totengedenkstätte böswillig entfernt, wird mit Gefängnis bis zu einem Jahr, mit Strafhaft oder mit Geldstrafe bestraft.*"

Es sollte hiermit erreicht werden, daß auch Gedenkstätten wie z. B. Gefallenendenkmäler vor Beschädigung, Zerstörung oder beschimpfendem Unfug, z. B. durch Beschmieren, geschützt werden[69]. Neu war auch, daß der gewahrsamslos gewordene Grabschmuck nach Absatz 3 in die Norm mit einbezogen werden sollte.
Gesetzeskraft erlangten die Entwürfe jedoch nicht.

J. Das 24. Strafrechtsänderungsgesetz von 1987

Eine Erweiterung erfuhr § 168 StGB durch das 24. StÄG vom 13.01.1987, durch das der Tatbestand auf tote Leibesfrüchte und Teile von solchen erstreckt wurde.
Hintergrund waren bekanntgewordene Fälle einer unbefugten Wegnahme von aus Schwangerschaftsabbrüchen erlangten Embryonen und Feten zum Zwecke ihrer kommerziellen Verwertung[70] z. B. in der Kosmetikindustrie, unter anderem zur Herstellung von Hautcremes[71].

Bis zum 1.04. 1998 lautete § 168 StGB daher wie folgt:

"(1) *Wer unbefugt aus dem Gewahrsam des Berechtigten eine Leiche, Leichenteile, eine tote Leibesfrucht, Teile einer solchen oder die Asche eines Verstorbenen wegnimmt, wer daran oder an einer Beisetzungsstätte beschimpfenden Unfug verübt oder wer eine Beisetzungsstätte zerstört oder beschädigt, wird mit Freiheitsstrafe bis zu drei Jahren oder mit Geldstrafe bestraft.*

(2) *Der Versuch ist strafbar.*"

Strafbar ist nach der überwiegenden Ansicht bezüglich des Gewahrsamsverhältnisses, welche den Träger einer Klinik, in der sich ein Leichnam befindet, als

69 Vgl. E 1960, S. 43 f und E 1962, S. 43 und S. 346 f.
70 Vgl. Sch/Sch-Lenckner, § 168, Rn. 1, BT-Drs. 10/3758, S. 4, 5 a.E. und BT-Drs. 10/ 6568, S. 3.
71 Vgl. dazu auch Stentenbach, S. 56 f; Sternberg-Lieben, NJW 1987, S. 2062.

Gewahrsamsinhaber betrachtet[72], nach der eingefügten Regelung allerdings nur ein ohne bzw. gegen den Willen der Klinik handelnder Dritter, nicht jedoch Mitarbeiter der Klinik selbst[73].
Völlig ungeschützt bleibt auch nach dem 24. StÄG das tote Produkt einer extrakorpuralen Befruchtung.

Dieser Problemkreis sollte nach Auffassung des Gestzgebers in die Gesamtregelung des Schutzes sterblicher menschlicher Überreste Eingang finden, die auch die bereits angesprochene Frage der Organtransplantation betrifft[74].
Das Embryonenschutzgesetz vom 13.12.1990[75] vermag aber diese Lücke ebenfalls nicht zu schließen, da der dort vorgesehene Tatbestand der mißbräuchlichen Verwendung, § 2 EmbryonenSchG, nur lebende Embryonen erfaßt[76].

K. Das sechste Gesetz zur Reform des Strafrechts von 1998

Seine jetzige Form erhielt § 168 StGB durch das 6. StRG vom 26.01.1998[77].

Mit der Einführung des neuen Absatz 2 wurde nunmehr der Strafschutz auf Aufbahrungs- und Totengedenkstätten, die keine Beisetzungsstätten sind, erweitert, wie von E 1960 und E 1962 gefordert.

Die Erweiterung sollte zum einen erreichen, daß nicht nur Gedenkstätten für Opfer nationalsozialistischer oder anderer Gewalt- und Willkürherrschaft, sondern auch anderen Totengedenkstätten, denen Pietätsempfinden entgegengebracht wird, von § 168 StGB erfaßt werden; genannt werden ältere Denkmäler für die Gefallenen der beiden Weltkriege, aber auch neuere Denkmäler wie z.B. die Gedenkstätte für die Opfer des Terroranschlages auf die israelische Olympiamannschaft von 1972 in München. Zum anderen zielte die Einbeziehung darauf ab, daß nunmehr einheitlich eine Strafbarkeit nach § 168 StGB gegeben ist, ohne bei der Beschädigung oder Zerstörung von öffentlichen Totengedenkstätten auf § 304 StGB zurückgreifen zu müssen[78].

---

72 Vgl. Sternberg-Lieben a.a.O.; Sch/Sch-Lenckner, § 168, Rn. 5 und unten, § 5, B..
73 Vgl. dazu auch Steffen, S. 51.
74 BT-Drs. 10/6568, S. 3.
75 BGBl. I, S. 2746.
76 Sch/Sch-Lenckner, § 168, Rn. 1. Embryonale und fetale Organe und Gewebe sind vom Anwendungsbereich des Transplantationsgesetzes ausgeschlossen, § 1 Abs. 2 TPG.
77 BGBl. I, S. 172.
78 Vgl. Bt-Drs. 13/8587, S. 30 f.

Anlaß der Erweiterung waren rechtsextremistische Ausschreitungen in Gedenkstätten für Opfer des Nationalsozialismusses[79]. Die Erweiterung der Tatbestandsfassung ging SPD und Bündnis 90/Die Grünen deshalb insofern zu weit, als beispielsweise auch Gedänkstätten zu Ehren ehemaliger Wehrmachtsangehöriger erfaßt werden können[80].

Die Trennung des ehemaligen Absatz 1 in zwei Absätze war aufgrund der Vielzahl von Handlungsalternativen aus Gründen der Verständlichkeit dringend notwendig und mit der Differenzierung zwischen den menschlichen Überresten in Absatz 1 und den verschiedenen Gedenkplätzen in Absatz 2 sachlich richtig.

Die Ersetzung der Wörter "eine Leiche, Leichenteile" durch die Wörter "den Körper oder Teile des Körpers eines verstorbenen Menschen" diente lediglich der Angleichung des Sprachgebrauchs von Absatz 1, in dem bereits von der "Asche des Verstorbenen" gesprochen wurde, sie diente aber nicht einer inhaltlichen Änderung[81].

---

79 Vgl. Entwurf und Begründung des Bundesrates, Bt-Drs. 13/3468, S. 3 f.
80 Kreß, NJW 98, S. 641.
81 Bt-Drs. 13/9064, S. 10.

§ 3 Das Rechtsgut des § 168 StGB

Ausgangspunkt und Leitgedanke der Tatbestandsbildung ist das Rechtsgut. Als Rechtsgüter bezeichnet man die Lebensgüter, Sozialwerte und rechtlich anerkannten Interessen des Einzelnen oder der Allgemeinheit, die wegen ihrer besonderen Bedeutung für die Gesellschaft Rechtsschutz genießen. Der Tatbestand geht dabei von der Norm und die Norm vom Rechtsgut aus[82].

Die Frage, welches Rechtsgut dem § 168 StGB zugrunde liegt, wird durchaus nicht einhellig beantwortet.

A. Das Rechtsgut der Pietät

Die wohl überwiegende Auffassung geht davon aus, daß durch § 168 StGB das Pietätsgefühl der Angehörigen und der Allgemeinheit geschützt werden soll[83]. Wie die systematische Stellung bei den Religionsdelikten[84] und die historische Entwicklung[85] der Vorschrift zeigt, wird dabei insbesondere Rücksicht auf religiöse Vorstellungen und Gefühle genommen[86].
Eine heute zu verzeichnende Abwendung von religiösen Glaubensinhalten[87] hat zumindest die Gefühle, die Verstorbenen entgegengebracht werden, nicht wesentlich beeinflußt. "*Ganz unabhängig von Religion und Religionen herrscht das Gefühl, welches den Totenfrieden geschaffen hat und noch heutigen Tages wie zu Zeiten religiösen Totenkultes dem Satze de mortis nil nisi bene Inhalt verleiht: Die Pietät.*[88]" Gegenüber der sterblichen Hülle bleibt ein allgemeiner Achtungsanspruch bestehen, den zu berücksichtigen zumindest auch ein erheblicher Teil der Allgemeinheit verlangt, nicht nur die nahen Angehörigen[89]. An die sterblichen Überreste knüpft sich die Liebe der Angehörigen und das An-

---

82 Vgl. Jeschek, S. 256 f; Wessels AT, § 1 I 2.

83 Dem zustimmend Kallmann, FamRZ 69, S. 575; Gribbohm, JuS 71, S. 201; OLG Frankfurt JZ 75, S. 380; Roxin, NJW 76, S. 506; OLG München NJW 76, S. 1806; Sternberg-Lieben, NJW 87, S. 2082. Wenn einzelne Autoren nur bestimmte Aspekte dieser Darstellung berücksichtigen, so kann das nur durch den dargelegten Einzelfall erklärt werden, nicht aber als rechtsgutsbegrenzend verstanden werden.

84 KG NJW 90, S. 782.

85 Korthals, S. 112 f mit Hinweis auf Bohne, das Recht der klinischen Sektion in: Festgabe für R. Schmidt zum 70. Geburtstag, 1932, Bd. 1, S. 129.

86 So auch Kirschbaum, Med.Klin. 66 (1971), S. 1630.

87 Hanack, S. 434, will daher nur noch von einer sog. "humanitären Pietät" sprechen.

88 Blankenburg, S. 27.

89 LK-Dippel, § 168, Rn. 2; Tröndle, § 168, Rn. 1.

denken auch bei Fernerstehenden[90]. Der Leichnam wird nicht zum bloßen Objekt, sondern von allen als "Rückstand der Persönlichkeit" betrachtet[91]. Das Verhalten gegenüber dem Leichnam wird als Verhalten gegenüber der verstorbenen Persönlichkeit empfunden.
Der Begriff der Pietät umfaßt vielfältige unterschiedliche Empfindungen, die den Verstorbenen und die Tatsache der Sterblichkeit ansich betreffen. Das Bedürfnis, den Leichnam nicht wie eine beliebige Sache zu behandeln, zeigt sich in allen Lebensbereichen, in denen Menschen mit Toten zusammentreffen. Selbst bei Anatomiekursen innerhalb der medizinischen Ausbildung wird darauf geachtet, daß die zur Verfügung gestellten Leichname in pietätvoller Weise behandelt werden. Ein respektloses Verhalten gegenüber dem Leichnam kann durchaus zu schwerwiegenden Sanktionen führen, wie z.B. der Ausschluß aus dem Kurs.
Ebenso wird ein respektloses Verhalten gegenüber einer Grabstätte als respektloses Verhalten gegenüber dem Verstorbenen selbst begriffen.
Dahinter stehen Grundbedürfnisse des Menschen, deren Schutz auch durch das Recht gewährleistet werden muß.

Die sich aus diesen Bedürfnissen entwickelnden Interessen bestehen aus der Achtung der Totenruhe und der Behandlung des Leichnams nach den Vorstellungen des Verstorbenen bzw. der Vorstellungen der Angehörigen als dessen Repräsentanten.
Der Schutz der sich aus dem Pietätsempfinden entwickelnden Interessen ist nicht zuletzt Ausformung der ihren Träger überdauernden Menschenwürde[92], ist Nachwirkung des Persönlichkeitsrechts des Toten selbst[93], welches einen postmortalen Wert- und Achtungsanspruch des Menschen als Träger höchster geistig-sittlicher Werte gebietet[94].
Dieser Achtungsanspruch findet seinen Ausdruck in der Beachtung des Selbstbestimmungsrechtes des Verstorbenen über den eigenen Körper[95]. Dabei ist, ohne eine anderweitige Äußerung des Betroffenen vor seinem Tod, von der grundsätzlichen Unverletzlichkeit bzw. Unantastbarkeit des Körpers des Verstorbenen und seines Grabes auszugehen[96].

90 von Blume, AcP 112, S. 378 f.
91 von Bubnoff, S. 72.
92 KG NJW 90, a.a.O. mit Hinweis auf BVerfGE 30, 194 (gemeint ist das sog. "Mephistourteil", BVerfGE 30, 173, 194); Kaiser, Med.Klin. 62 (1967), S. 646.
93 Dippel, a.a.O., der dies auch als alleinigen Schutzzweck in Betracht zieht.
94 Laubenthal, JA 90, S. 42 und JR 92, S. 213 mit Bezug auf Bieler, JR 76, S. 224.
95 Hubmann, S. 246 f; Schreiber, Internist 15, S. 554; Klug-FS, S. 349 ff; Albrecht, S. 73.
96 Blankenburg, S. 27; Albrecht, S. 82; Deutsch, Der Chirurg 1980, S. 350.

Das Rechtsgut der Pietät konkretisiert sich daher in dem Schutz der Unberührbarkeit des Leichnams und der Achtung der Totenruhe[97].

B. Einwendungen gegen die Pietät als Rechtsgut

Rüping hält den Begriff der "Pietät" für viel zu abstrakt um als Rechtsgut geeignet zu sein. Die Gefühle der Angehörigen könnten fehlen, wenn sich Angehörige die Pietät durch Verhandlungen über Explantate des Verstorbenen abkaufen ließen[98]. Er sieht in den Verweisen auf die allgemeinen sittlichen Anschauungen "inhaltsleere Floskeln ohne eigenen Gehalt". Sie verblieben lediglich als Rückgriff auf Konventionalregeln, als Reste irrationaler animistischer Vorstellungen, auf die der Gesetzgeber Rücksicht zu nehmen habe. Daher hält er das hinter den Gefühlen stehende Brauchtum des Totenkults für wesentlich faßbarer und will dieses als Rechtsgut verstanden wissen[99].

Rudolphi sieht als Zweck der Vorschrift die Verhinderung "schwerwiegender Übertretungen des sozialethischen Gebots, Tote zu ehren, im Interesse des Friedensschutzes[100]." Rechtsgut ist ihm zufolge demnach der Friedensschutz.

Auch Maurach/Schroeder/Maiwald kritisieren, daß ein Abstellen auf den Schutz des Pietätsempfindens sich nur um den Preis einer erheblichen und den Anwendungsbereich verfehlenden Abstrahierung erreichen ließe[101]. Strafbar sei die Störung einer Bestattungsfeier auch dann, wenn die dazu abkommandierten Soldaten dies amüsant fänden. Umgekehrt könne der Verstorbene über das Pietätsempfinden der Angehörigen hinweg Verfügungen treffen, so über seine Leiche, oder indem er für seinen Todestag ein Hippie-Fest an seinem Grab bestelle. Die Angehörigen könnten sich darüberhinaus selbst nach § 168 StGB strafbar machen[102]. Als alleiniges Rechtsgut könnten demnach eher die Nachwirkungen des Persönlichkeitsrechts des Toten selbst gesehen werden[103].

---

97 Kirschbaum, a.a.O.; Korthals a.a.O..
98 Rüping, GA 77, S. 300, 302.
99 Derselbe, a.a.O., S. 302.
100 SK-Rudolphi, § 168, Rn. 1.
101 Maurach/Schroeder/Maiwald, BT 2, § 62 I Rn. 3.
102 Dieselben, a.a.O. mit Verweis auf die Alternativen zum beschimpfenden Unfug.
103 Dieselben, a.a.O., Rn. 1 und 3; vgl. auch Dippel, a.a.O..

Hassemer kritisiert diesen Ansatz mit dem Argument, es fehle bei dieser Rechtsgutskonstruktion an dem erforderlichen Rechtssubjekt[104]. Dies zu umgehen, setzt er bei den Auswirkungen für die Lebenden anläßlich eines Rechtsverstoßes gegen § 168 StGB an. Daher solle sich § 168 StGB auf die Rückversicherung der Lebenden für eine angemessene Behandlung nach dem Tode stützen[105].

Weitere Ansätze wollen aufgrund einer so komplexen Regelung wie der des § 168 StGB zwischen den dahinterstehenden einzelnen Interessen differenzieren:

Stentenbach sieht in erster Linie den Schutz der nachwirkenden Würde des Verstorbenen als rechtsgutsprägend[106].
Auch nach seinem Tod solle gewährleistet werden, daß einem Menschen und seinen sterblichen Überresten als ehemalige Persönlichkeit Achtung und Respekt entgegengebracht werden. Allenfalls neben dem Schutz der nachwirkenden Würde des Verstorbenen komme das Pietätsempfinden der Bevölkerung in Betracht. Dabei müsse es sich aber um einen zahlenmäßig nicht unerheblichen Teil der Bevölkerung handeln.
Bei der toten Leibesfrucht sieht er entsprechend neben dem Gesichtspunkt der Pietät den der Menschenwürde, die auch dem ungeborenen Leben zukomme[107].
§ 168 StGB basiere also letztendlich auf verschiedenen, sich vielfältig überlagernden schutzwürdigen Interessen.

Steffen sieht die Pietät der Allgemeinheit als Rechtsgut lediglich für die im Tatbestand enthaltenen Alternativen geeignet, die auch durch die Angehörigen verwirklicht werden können[108].

Hinsichtlich der Verübung beschimpfenden Unfugs an der Leiche oder Beisetzungsstätte sowie der Zerstörung der Beisetzungsstätte oder deren Beschädigung sei Ziel des § 168 StGB, das öffentliche Preisgeben einer grob ungehörigen Gesinnung gegenüber dem Verstorbenen bzw. gegenüber dem Toten-

104 Hassemer, S. 183.
105 Hassemer, S. 184 ff; Samson, NJW 74, S. 2030; vgl auch Dippel, a.a.O..
106 Stentenbach, S. 59 f..
107 Mit Verweis auf die Motive zum 24. StÄG, BT-Drs. 10/3758, S. 4 und 10/6568 S. 2 und S. 4, und BVerfGE 33, 41.
108 Steffen, S. 88 f..

kult zu unterbinden. In diesen Tatbestandsalternativen werde eine Öffentlichkeitswirkung seitens des Täters gerade vorausgesetzt.
Anders verhalte es sich aber bezüglich der Wegnahmealternative. Hier könne selbst das Pietätsgefühl der Angehörigen nicht als geeignetes Schutzgut in Betracht kommen.
Für die vollendete Pietätsverletzung setzt Steffen die Kenntnis der Angehörigen bzw. der Allgemeinheit von dem pietätsverletzenden Verhalten voraus. Eine Pietätsverletzung bestehe in der Verletzung eines diesbezüglichen Gefühls bei dem Betroffenen. Die Wegnahme allein könne aber auch ohne jede Kenntnis anderer geschehen. Daher sieht Steffen die Pietät als Rechtsgut für die erste Alternative des § 168 StGB nicht mit dessen Wortlaut vereinbar an. Die Vorschrift gebe einen Individualschutz vor. Wenn von den Berechtigten gesprochen werde, gehe es nicht um einen Allgemeinschutz, sondern um einen Berechtigtenschutz. Insofern scheide bezüglich der ersten Alternative bereits das Pietätsgefühl der Allgemeinheit aus. Da nach dem Wortlaut der Berechtigte geschützt werden solle, sei es nur folgerichtig, auf den dahinterstehenden Totenfürsorge-berechtigten abzustellen. Nicht aber die Person des Totenfürsorgeberechtigten, sondern ihre Funktion als Träger des Rechts, d.h. das Totenfürsorgerecht selbst, solle geschützt werden. Da das Totenfürsorgerecht die Regelung des gesamten Tatbestandes umfasse, sei dieses als Schutzgut aller Alternativen des § 168 StGB anzusehen[109].

C. Diskussion

Mit Ausnahme von Steffens Ansatz sind die Ausgangspunkte der verschiedenen Ansichten nicht wesentlich voneinander entfernt:
Wird die Pietät im wesentlichen als das Gefühl der Verbundenheit und der Ehrfurcht gegenüber dem Leichnam verstanden und wird aus diesen Gefühlen heraus die dem Verstorbenenen zukommende Berücksichtigung seiner Vorstellungen und Wünsche bezüglich der Behandlung und Beerdigung seines Leichnams mit einbezogen, so sind sämtliche Interessen, die sich daraus ergeben, durch das Rechtsgut der Pietät mit umschrieben. Zu diesen Interessen gehören insbesondere das Interesse an der Achtung der Totenruhe und an der Unberührbarkeit des Leichnams.
Diese Interessen können nur gewahrt werden, wenn auf das Brauchtum des Totenkults genauso Rücksicht genommen wird, wie auf die dem Verstorbenen

109 Derselbe, S. 104 ff..

zukommende Menschenwürde bzw. auf das über seinen Tod hinauswirkende Persönlichkeitsrecht.
Die Interessen der Angehörigen, die in der Pietät zusammengefaßt sind, verdanken ihren Schutz gerade diesem Aspekt[110].

Sich aber auf das Brauchtum des Totenkults[111] bzw. auf den Friedensschutz[112] zu beschränken, hieße das Rechtsgut auf eine einzige sichtbare Ausformung der zu schützenden Interessen einzuschränken. Dies ist insoweit verständlich, als mit Begriffen, die klar umrissen definierbar sind, weil sie durch das äußere Geschehen bzw. durch die äußere Situation bestimmt werden können, wesentlich greifbarer umgegangen werden kann. Die hauptsächlich gefühlsbetonten Empfindungen angesichts des Todes sind dazu geeignet, Skepsis hervorzurufen und an der Bestimmbarkeit solcher Rechtsgüter Zweifel aufkommen zu lassen. Daher erscheint ein Rechtsgut wie z. B. der Totenkult oder der Friedensschutz wesentlich greifbarer, als das der Pietät.

Ein zum Schutz vor Verletzung innerer Tatsachen, wie Gefühle o. ä. geschaffener Tatbestand kann tatsächlich zu einer bedenk-lichen Abstraktion eines Rechtsguts führen. Sieht man den Begriff der Pietät als Oberbegriff zur Zusammenfasssung der dahinterstehenden schützenswerten Interessen, kann aber einer unzulässigen Ausweitung eines Tatbestandes durch Konkretisierung dieser Interessen entgegengewirkt werden.
Die Wandlung von der Achtung vor Gott[113] zur Achtung vor dem Verstorbenen und seinem vergangenen Leben[114] ändert nichts an den Interessen der Verbliebenen. Die Wahrung der Totenruhe und die Unberührbarkeit des Leichnams sind Interessen, die unmittelbar aus dem Schutz der Pietät hervorgehen, konkret faßbar sind und heute insbesondere aus dem fortwirkenden Selbstbestimmungsrecht des Verstorbenen über seinen Körper resultieren[115].
Diese Interessen half der Gesetzgeber durch die Schaffung des § 168 StGB zu schützen.
Wem der Begriff der Pietät als "leere Floskel[116]" erscheinen mag, der möge auf diese Interessen als Rechtsgut selbst zurückgreifen.

110 Vgl. dazu insbesondere Hubmann, S. 246 f.
111 Rüping, a.a.O..
112 Rudolphi, a.a.O..
113 Goltdammer Materialien Teil II, S. 271: "...die Entheiligung und die Verletzung des religiösen Friedens" als das "überwiegende bei diesem Vergehen."
114 von Blume, AcP 112, S. 379 und S. 390.
115 Hubmann, a.a.O.; Schreiber, Klug-FS, S. 349 ff und Internist 15, S. 554.
116 Rüping, a.a.O..

Der Begriff der Pietät ist aber bei richtigem Verständnis durchaus dazu geeignet, das Rechtsgut des § 168 StGB zu bestimmen.
Es ist strikt zu trennen zwischen Rechtsgut und tatbestandlicher Ausformung. Das Rechtsgut selbst muß nicht unbedingt Eingang in den Tatbestand gefunden haben und hat es in diesem Fall auch nicht[117]. Daher kommt es auch nicht darauf an, ob die Angehörigen durch die Begehung einer Tatbestandsalternative tatsächlich subjektiv in ihren Gefühlen verletzt wurden[118]. Jede Alternative umschreibt ein Verhalten, das der Gesetzgeber als eine Verletzung des Rechtsgutes ansieht und als solche für strafwürdig erachtet. Insofern legte der Gesetzgeber fest, daß die Wegnahme des Leichnams oder von Leichenteilen aus dem Gewahrsam des Berechtigten das Rechtsgut der Pietät durch Zuwiderhandeln gegen einen Teil der aus ihr hervorgehenden Interessen verletzt.

Der Verstoß gegen das durch § 168 StGB ausgesprochene Verbot der Wegnahme des Leichnams aus dem Gewahrsam des Berechtigten ist mit der Wegnahme vollendet, einer Kenntnis des Berechtigten bedarf es zum Verstoß gegen das Rechtsgut "Pietät" nach den Vorstellungen des Gesetzgebers also nicht. Mit seinem Argument, die Ungeeignetheit der Pietät als Rechtsgut ergebe sich aus dem Wortlaut der Norm, verwechselt Steffen die Bestimmung des Rechtsgutes mit der Bestimmung der tatbestandlichen Ausformung des Rechtsgutsschutzes: Nicht der Gewahrsam am Leichnam soll geschützt werden, sondern die Unberührbarkeit des Leichnams als Ausformung des Pietätsinteresses genießt Schutz. Nicht die Unversehrtheit des Grabes ist Schutzgut, sondern die Totenruhe, die verletzt wird durch die Zerstörung oder Beschädigung der Grabstätte.

Steffen selbst erkennt dies, indem er nicht den Gewahrsam, sondern das Recht zum Gewahrsam als Rechtsgut bezeichnet, welches er zutreffend aus dem Totenfürsorgerecht herleitet[119]. Er übersieht aber dabei, daß das Totenfürsorgerecht zum Schutz desselben Rechtsgutes dient wie § 168 StGB. Das Recht der Totenfürsorge ist der zivilrechtliche Schutz der Pietätsinteressen durch Zuweisung der darin enthaltenen Befugnisse und Pflichten, dessen strafrechtlicher Schutz in § 168 StGB zu finden ist[120].

---

117 Vgl. Roxin, NJW 1976, S. 506.
118 Dies übersehen aber Maurach/Schroeder/Maiwald und Steffen a.a.O..
119 Vgl. unten, § 5, A. I. 2. a).
120 So bereits zutreffend Korthals, S. 140 f; vgl. auch unten, § 5, A. II.

Ebenso ist § 1626 BGB der zivilrechtliche Schutz des Kindeswohls durch Zuweisung der elterlichen Sorge, dessen strafrechtlicher Schutz sich in verschiedenen Straftatbeständen oder Ordnungswidrigkeitstatbeständen niederlegt, ohne daß die elterliche Sorge zum Rechtsgut dieser Normen erhoben werden muß.
Auch das im Diebstahlstatbestand ausgesprochene Verbot der Wegnahme fremder Sachen dient nicht allein dem Schutz des Gewahrsamsinhabers, sondern zu allererst dem Schutz des Eigentums[121].

Daß schließlich Rechtsgüter und die zu ihrem Schutz geschaffenen Straftatbestände heute im Lichte der Grundrechte, insbesondere im Lichte der Menschenwürde oder des Persönlichkeitsrechts, auszulegen sind, ist selbstverständlich. Durch ihre Berücksichtigung aber werden die Grundrechte nicht schon zu den Rechtsgütern der Normen.

Letztendlich ist jedes Rechtsgut auch Ausfluß aus den Grundsätzen, die in den Grundrechten niedergelegt sind. Denn die Quellen unseres gesamten Rechts sind die sozialethischen Vorstellungen unserer Rechtsgemeinschaft und unseres Kulturkreises, so daß bei der Auslegung des Gesetzes nach seinem Sinn und Zweck immer auch die Wertentscheidungen des Grundgesetzes zu berücksichtigen sind[122].

D. Zwischenergebnis

Der Schutz der Pietät durch Schutz der aus ihr hervorgehenden Interessen der Unberührbarkeit des Leichnams und der Achtung der Totenruhe ist nach alledem als das Rechtsgut des § 168 StGB zu bezeichnen. Die gegen den Begriff der Pietät gemachten Einwendungen haben sich als unzutreffend herausgestellt.

121 Nach Steffen wäre aber der "Individualschutz" des § 242 StGB auf den Gewahrsam als "Wachfunktion" über das Eigentum ausgerichtet.

122 Vgl. LK[11]-Jeschek, Einl., Rn. 9; Wessels AT, § 1 I 2.

§ 4 Die entnommenen Bestandteile als "Teile des Körpers eines verstorbenen Menschen" im Sinne des § 168 StGB

Um vom Tatbestand des § 168 StGB erfaßt zu werden, müßten die hier untersuchten Entnahmen Teile des verstorbenen Körpers i.S.d. § 168 StGB betreffen.

Da die neue sprachliche Regelung seit dem 6. StRG keine inhaltliche Änderung hervorbrachte[123], kann bei der Untersuchung auf die Ergebnisse zurückgegriffen werden, die bei der Untersuchung der Begriffe "Leiche" und "Leichenteile" erlangt wurden.

Leichenteile sind alle Teile des menschlichen Körpers, solange dieser noch als Leiche anzusehen ist[124].
Demnach stellt sich zunächst die Frage, wann ein menschlicher Körper als Leiche[125] i.S.d. § 168 StGB angesehen werden kann[126].

A. Der "Körper eines verstorbenen Menschen" im Sinne des § 168 StGB

Die Neufassung entspricht der sich am allgemeinen Verständnis orientierenden Definition des Begriffs Leiche:

---

123 Vgl. oben, § 2, K..

124 LK-Dippel, § 168, Rn. 14; Sch/Sch-Lenckner, § 168, Rn. 3; SK-Rudolphi, § 168, Rn. 2; AG Berlin-Tiergarten, NJW 96, S. 3092.

125 Der Begriff Leiche ist rechtlich bedeutungsgleich mit dem Begriff Leichnam, vgl. LK-Dippel, § 168, Rn. 7, Fn. 15.

126 Eine wesentlich umstrittenere Frage betrifft das Problem, ab wann ein Mensch als tot anzusehen ist. Unterschiedliche Todesbegriffe und daraus resultierende unterschiedliche Todeszeitpunkte waren unter anderem ein großes Hindernis für die parlamentarische Einigung zur Fassung eines Organtransplantationsgesetzes, vgl. ausführlich LK-Dippel, § 168, Rn. 8 ff m.w.N.. Diese Arbeit befaßt sich aber, wie in der Einleitung dargelegt, nicht mit der Frage nach den Voraussetzungen für die Rechtmäßigkeit einer Organentnahme, sondern mit der Frage eines nach § 168 StGB bestehenden strafrechtlichen Verbotes einer solchen Entnahme. In dieser Fragerichtung hätte der Todeszeitpunktbegriff lediglich Bedeutung als Abgrenzungskriterium zwischen den §§ 211, 212, 223 ff StGB einerseits und § 168 StGB andererseits. Da aber in Bezug auf einen lebenden Menschen der strafrechtliche Schutz nicht in Zweifel zu ziehen ist, wird in dieser Arbeit der Tod der betreffenden Person als Ausgangspunkt vorausgesetzt. Angemerkt sei lediglich, daß die Frage des Todeszeitpunktes weniger eine juristische, als eine medizinische Antwort verlangt, weshalb die Beantwortung dem Gesetzgeber auch erheblich Schwierigkeiten bereitet hatte und noch bereitet.

"Leiche" wird nämlich definiert als der Körper eines gestorbenen Menschen oder eines totgeborenen Kindes[127].

Die früher umstrittene Frage, ob für die Bejahung der Leichenqualität beim totgeborenen Kind das Erreichen einer "menschenähnlichen" Entwicklungsstufe oder eine nach dem Grad der Entwicklung an sich möglichen Lebensfähigkeit außerhalb des Mutterleibes erforderlich ist, hat nach der Aufnahme der Leibesfrucht in den Tatbestand durch das 24. StÄG jegliche praktische Bedeutung verloren[128].

Von einer Leiche kann nicht mehr gesprochen werden, wenn der Zusammenhang ihrer Teile zur Einheit einer menschlichen Gestalt im wesentlichen nicht mehr vorhanden, ihre Individualität nicht mehr erkennbar ist[129]. Als Leiche ist demnach nicht mehr der durch Verwesung oder durch jegliche andere chemische bzw. physi-kalische Prozesse[130] zerstörte menschliche Körper anzusehen[131]. Auch ein Skelett ist daher keine Leiche mehr[132].

Dies folgt auch aus dem Schutzzweck des § 168 StGB, denn Gegenstand der Pietät kann der Leichnam nur insoweit sein, wie er den Verstorbenen repräsentiert[133].

Nach der Zerstörung der Gesamtheit des Körpers endet also der Schutz des § 168 StGB.

Dies darf allerdings nicht so verstanden werden, daß jede völlige Zergliederung, selbst bis zur Unkenntlichkeit des Verstorbenen, oder das Fehlen einzelner Teile die Leicheneigenschaft aufheben würde. Solange nur die gemeinsame Bestattung aller Teile der Leiche beabsichtigt ist, bleibt auch dessen Individualität erhalten, egal aus welchem Grund der Leichnam zergliedert wurde[134].

Der Schutz des § 168 StGB entfällt, wenn der Leichnam nicht mehr Gegenstand des Gefühls der Verbundenheit und Pietät ist. Daher sind Mumien,

---

127 LK-Dippel, § 168, Rn. 7; Sch/Sch-Lenckner, § 168, Rn. 3; Lackner, § 168, Rn. 2; SK-Rudolphi, § 168, Rn. 2; Stentenbach, S. 7.

128 So auch Lenckner, a.a.O..

129 Lackner, a.a.O.; Lenckner, a.a.O.; Stentenbach, S. 12.

130 Z. B. durch Verbrennen, dann aber Asche! Vgl. den Tatbestand des § 168 Abs. 1 StGB.

131 LK-Dippel, § 168, Rn. 13; Rudolphi, a.a.O.; Tröndle, § 168, Rn. 2; Bieri, S. 25.

132 Vgl. Bieri, S. 29, Stentenbach, a.a.O..

133 Ebenso Dippel, a.a.O..

134 Vgl. Dippel, a.a.O.; dem zustimmend AG Berlin-Tiergarten, a.a.O.; in Bezug auf das Fehlen einzelner Teile vgl. Bieri, S. 27, zustimmend Dippel, a.a.O..

Moorleichen oder andere historische Leichenfunde keine Leichen i.S.d. § 168 StGB[135]. Vielmehr kann an ihnen Eigentum erworben werden, so daß sie als verkehrsfähige Sachen anzusehen sind und somit unter dem Eigentums- und Vermögensschutz fallen[136].
In gleicher Weise entfällt der Schutz des § 168 StGB, wenn ein Leichnam in erlaubter Weise zum Gegenstand des Rechts-verkehrs gemacht wurde, z. B. durch Erwerb für medizinische Heil-, Forschungs- oder Lehrzwecke[137]. Auch diese Leichname fallen dann als "fremde Sachen" unter dem Eigentums- und Vermögensschutz[138].

"Der Körper eines verstorbenen Menschen" im Sinne des § 168 StGB ist danach also der nicht verkehrsfähige Leichnam, solange dieser in seiner Gesamtheit noch in seiner Individualität erkennbar ist.

B. "Teile des Körpers eines verstorbenen Menschen" im Sinne des § 168 StGB

I. Natürliche Bestandteile des Körpers

Als Leichenteil gilt unzweifelhaft jeder natürliche Teil eines Leichnams i.S.d. § 168 StGB[139].
So wie sich aus dem Rechtsgut des § 168 StGB ergibt, inwieweit ein Körper als Leiche i.S.d. Norm anzusehen ist, hat sich auch die Leichenteilqualität am Rechtsgut auszurichten[140]. Wird das Leichenteil zerstört, endet der Schutz des § 168 StGB. Ebenso können Leichenteile verkehrsfähig werden, sofern an

135 Dippel, a.a.O.; Rudolphi, a.a.O.; Maurach/Schroeder/Maiwald, BT 2, § 62 III., Rn. 10; Stentenbach, a.a.O.; differenzierend Bieri, S. 28.

136 Stentenbach, a.a.O..

137 Dippel, a.a.O.; Rudolphi, a.a.O.; AG Berlin-Tiergarten, a.a.O..

138 Damit steht auch die Sachqualität des Leichnams fest. Die Definition der Sache als jeder körperliche Gegenstand, § 90 BGB, richtet sich allein nach den äußerlichen Merkmalen. Der Unterschied zwischen den unter dem Schutz des § 168 StGB stehenden und den verkehrsfähigen Leichnamen besteht allein in ihrer Zweckbestimmung. Bejaht man die Sachqualität des verkehrsfähigen Leichnams, folgt daraus zwingend die Sachqualität des dem Schutz der Totenruhe unterstehenden Leichnams. Die Anwendung der §§ 303, 242 ff StGB scheitert daher bei diesen Leichen allein an der fehlenden Eigentumsfähigkeit, vgl. Gaedke, S. 97; Dippel, a.a.O. m.w.N.; Tröndle, a.a.O.. Entgegen einer früheren Auffassung, vgl. die Nachweise bei Dippel, a.a.O., insbesondere Rn. 28, folgt die Feststellung, Leichen sind zwar Sachen, können aber in niemandes Eigentum stehen, unmittelbar aus ihrer Eigenschaft als Gegenstand der Pietät.

139 LK-Dippel, § 168, Rn. 14; Rudolphi, a.a.O.; Lenckner, a.a.O..

140 AG Berlin-Tiergarten, a.a.O..

ihnen in rechtmäßiger Weise Eigentum erworben wird. So wie der Körper eines Verstorbenen in erlaubter Weise zum Gegenstand des Rechtsverkehrs gemacht werden kann, muß dies auch für Teile des Körpers gelten[141].

Darauf, ob durch die Entnahme von Leichenteilen das Pietätsgefühl der Angehörigen tatsächlich verletzt wurde, kommt es nicht an, denn das Rechtsgut hat insoweit keinen Eingang in den Tatbestand gefunden[142].
Um Leichenteile i.S.d. § 168 StGB handelt es sich daher auch bei geringen Mengen Blut[143] und Gewebeproben[144].

Dem wird von Blei entgegengehalten, daß für die Entnahme völlig unwesentlicher Bestandteile eine rechtsgutsbezogene Argumentation nicht überzeuge:
Auch wenn das Rechtsgut "Pietätsempfinden" in den Tatbestand keinen Eingang gefunden habe, ändere dies nichts daran, daß es eine Leitlinie der Auslegung sein könne.
So könnten die Rasur und der Haarschnitt schlechterdings nicht als Leichenteilentnahme i.S.d. § 168 StGB gewertet werden. Daher solle vom Schutzzweck der Norm aus kein Zweifel bestehen, daß von einer Entfernung von Leichenteilen nicht die Rede sein könne, wenn der abgetrennte Teil selbst als Gegenstand der Pietät nicht in Betracht komme, was bei einigen Tropfen Blut gewiß nicht der Fall sei, und wenn nach der Entfernung auch der Leichnam nicht als in pietätswidriger Weise verunstaltet erscheine[145], dies sei auch bei der Entnahme von Knochenpartikeln aus dem Schienbein des Verstorbenen für die Forschung nicht der Fall.

Roxin stimmt der Rechtsgutsberücksichtigung bei der Auslegung des Tatbestandsmerkmals "Leichenteile" ausdrücklich zu, stellt aber fest, daß die Entnahme selbst von ein paar Tropfen Blut als Eingriff in die Substanz des Leichnams gerade das Rechtsgut verletzt:
In der Tat könne man zwar unter dem Gesichtspunkt des Rechtsgutes das Beschneiden der Fingernägel, die Rasur oder den Haarschnitt nicht als Entfernung von Leichenteilen ansehen; soweit es sich um Maßnahmen üblicher

---

141 Ebenda. Dies setzt allerdings insbesondere eine befugte Entnahme voraus!

142 OLG Frankfurt JZ 75, S. 380; dem zustimmend Roxin, JuS 76, S. 506. Vgl. auch oben, § 3, C..

143 OLG Frankfurt, a.a.O. und JZ 77, S. 355 = BA 77, S. 346; zustimmend Brackmann, BA 77, S. 347; Rudolphi, a.a.O.; LK-Dippel, § 168, Rn. 15; Geilen, JZ 75, S. 381 f, Fn. 12.

144 KG NJW 90, S. 783; zustimmend Dippel, a.a.O.; Rudolphi, a.a.O..

145 Blei, JA 75, S. 241; dem zustimmend Lenckner, a.a.O.;Maurach/Schroeder/Maiwald, a.a.O..

Körperpflege handele, dienten diese vielmehr der dem Toten geschuldeten Pietät. Auf die Frage aber, ob das Leichenteil selbst Gegenstand der Pietät sein könne und ob der Eingriff den Leichnam verunstalte, könne es nicht ankommen.

Auch bei der Entnahme von Organen zu Transplantationszwecken könne der Körper nach dem Eingriff wieder in pietätvoller Weise vernäht werden, ohne daß die Qualität des Transplantats als Leichenteil jemals angezweifelt worden wäre. Entscheidend sei vielmehr, daß es sich um einen Eingriff in die Unversehrtheit des Leichnams in dem Sinne handele, daß ihm etwas Essentielles entzogen werde, egal ob dies Fleisch, Blut, Knochen oder Organe seien. Quantitative Abstufungen nach der Menge oder dem Körpergewicht der entnommenen Substanz seien nicht möglich, denn die eingriffsweise Entziehung als solche verletze das Rechtsgut[146].

Roxin kann nur darin zugestimmt werden, daß es auf die Quantität der entnommenen Bestandteile für die Leichenteilqualität i.S.d. § 168 StGB nicht ankommen kann[147]. Das Interesse an der Unversehrtheit des Leichnams erlaubt eine derartige Abstufung nicht, abgesehen davon, daß es erhebliche Schwierigkeiten mit sich bringen dürfte, zwischen unwesentlicher und wesentlicher Menge zu unterscheiden[148].

Im übrigen darf man sich die Leichenblutentnahme nicht in der Art vorstellen, wie dies bei lebenden Patienten geschieht. Ist der günstige Zeitpunkt nach dem zum Tode führenden Unfall verpaßt, kommt bei der nahezu ausgebluteten Leiche eigentlich nur noch eine Entnahme aus der Oberschenkelvene in Betracht. Dies geschieht durch einen tiefen Einschnitt an der Vorderseite des Oberschenkels, knapp unterhalb und parallel der Leistenbeuge[149]. Mißlingt dies, so kann noch versucht werden, durch Einstechen der Augen Glaskörperflüssigkeit zu entnehmen[150]. Daß es sich bei der Entnahme von Leichenblut um einen geringfügigen Eingriff, der keine Spuren hinterläßt, handelt, wie dies oftmals dargestellt wird[151], kann daher von vornherein nicht behauptet werden, wie Geilen zu Recht festgestellt hat[152].

---

146 Roxin, JuS 76, S. 506; zustimmend Dippel, a.a.O..

147 Das von ihm a.a.O. gewählte Beispiel von den Verehrern eines Filmstars, die nach Belieben Blutstropfen als "Reliquie" entnehmen könnten, ohne daß dies nach § 168 StGB faßbar wäre, macht die Konsequenzen einer solchen Abstufung besonders deutlich.

148 So auch Stentenbach, S. 14.

149 Lautenbach, Handwörterbuch der Rechtsmedizin, Bd. I, S. 42.

150 Derselbe, S. 43.

151 Vgl. OLG Frankfurt JZ 75, S. 380; Roxin a.a.O.; Blei, a.a.O..

152 Geilen, a.a.O..

Auch ist Blei und Roxin insoweit zuzustimmen, daß die Körperpflege eher der Pietät dient, als daß sie geeignet ist, das Rechtsgut des § 168 StGB zu verletzen.
Sollte jemand allerdings z. B. auf die Idee kommen, Verstor-benen das Haupthaar zu entfernen, um mit dem so erlangten Haar Perücken herstellen zu können, wäre diese Tat bei Verneinung der Leichenteilqualität der Haare nicht nach § 168 StGB faßbar[153]. Auf der Tatbestandsebene erscheint daher eine Differenzierung nach dem Zweck der Entnahme unsachgerecht[154].
Sachgerechter ist es, die Körperpflege als befugte tatbestands-mäßige Handlung anzusehen:
Indem sie der Pietät dient, kann der Pflegende sich auf die mutmaßliche Einwilligung des Verstorbenen selbst zu Lebzeiten, aber zumindest auf eine solche der Angehörigen stützen. Ebenso kann an den Ausschluß der Rechtswidrigkeit durch sozialadäqates Verhalten gedacht werden[155].

II. Künstlich eingefügte Bestandteile

Uneinigkeit herrscht in der Frage, ob auch medizinische Hilfsmittel, die in den Körper eines Menschen künstlich eingefügt wurden, als Leichenteile i.S.d. § 168 StGB zu sehen sind.

Einhellig verneint wird die Leichenteileigenschaft bei dem Körper nur angefügten Gegenständen, wie Perücken, künstliche Augen, Gebisse, Prothesen u. ä.[156].
Problematischer ist die Qualifizierung von organisch mit dem Körper verbundenen Hilfsmitteln, wie Herzschrittmacher, künstliche Rippen, Luftröhren, Kniescheiben und Gelenke, Silberplatten als Ersatz der Schädeldecke, aber auch Zahnbrücken, -kronen und Plomben[157].

---

153 Beschimpfender Unfug ist eine grob ungehörige, rohe Mißachtenskundgebung, durch die der Täter dem Toten bewußt Verachtung bezeigen, d. h. ihm Schimpf antun will, Lackner, § 168, Rn. 7. Eine Mißachtenskundgebung gegenüber dem Verstorbenen wäre in dieser Handlung noch nicht zwingend enthalten.

154 Nicht mit diesem Problem zu verwechseln ist die Zweckbestimmung "Verkehrsfähigkeit", denn diese beendet den zuvor bestandenen Schutz der Totenruhe und eröffnet den Schutz des Eigentums bzw. des Vermögens mit Eigentumserwerb. Der Eigentumserwerb setzt aber eine befugte Entnahme gerade voraus!

155 Für Ausschluß der Rechtswidrigkeit bei Sozialadäquanz BGH St 23, 228.

156 LK-Dippel, § 168, Rn. 14; Lenckner, a.a.O.; Rudolphi, a.a.O.; Tröndle, a.a.O.; Maurach/Schroeder/Maiwald, a.a.O.; Bringewat, JA 84, S. 62; Stentenbach, S. 14 f.

157 Zivilrechtlich wird nach Versterben des Implantatträgers überwiegend von einer herrenlosen Sache ausgegangen, an der ein Aneignungsrecht entweder der nächsten Angehörigen oder, bei Bejahung der Eigentumsfähigkeit des Implantats (wie z.B. Weimar, JR 79,

Die die Leichenteilqualität bejahende Ansicht stellt im wesent-lichen darauf ab, daß diese Bestandteile nicht ohne Gewalt oder Verletzung der Körperintegrität wieder entfernt werden könnten; diese Teile würden daher als dem Körper zugehörig empfunden, so daß sich auch das Gefühl der Verbundenheit und Pietät auf diese Teile erstrecke, worauf es bei § 168 StGB ankomme[158].

Demgegenüber wird vertreten, daß nur natürliche Bestandteile des menschlichen Körpers als Leichenteile i.S.d. § 168 StGB zu verstehen seien[159]. Dies ergebe sich nicht nur aus dem eindeutigen Wortlaut, sondern insbesondere auch aus dem Schutzzweck der Norm, da das Pietätsempfinden und der Respekt gegenüber dem Verstorbenen sich auf den Körper als solchen beziehe und nicht auf künstlich eingefügte Bestandteile. Das Abstellen der anderen Ansicht auf die Beeinträchtigung der körperlichen Integrität sei fehlgehend; dieser Aspekt sei aus dem Sachbereich der §§ 223 ff StGB entlehnt und aufgrund der dort grundsätzlich anderen Schutzrichtung zur Auslegung des § 168 StGB ungeeignet[160].

Stentenbach kritisiert, die erste Ansicht überdehne den Schutzbereich des § 168 StGB, indem sie ohne jede Differenzierung in Bezug auf die Funktion des künstlichen Hilfsmittels jedes Hilfsmittel unter den Begriff "Leichenteil" subsumiere, und die zweite Ansicht werde nicht den fortschrittlichen medizinischen Entwicklungen des 20. Jahrhunderts gerecht, wenn sie in Hinblick auf den Wortlaut allein auf die natürlichen Körperorgane abstelle[161].
Eine sachgerechte Problemlösung sieht er darin, bei den künstlich geschaffenen Hilfsmitteln anhand ihrer Funktion und ihrer zeitlichen Bestimmung zu differenzieren:
Als Leichenteile seien demnach anzusehen, Implantate, die durch ihre Funktion als Platzhalter einen Teil des menschlichen Körpers ersetzten und deren zeitliche Bestimmung von vornherein auf einen lebenslangen Einsatz ausgerichtet seien. Hierzu zählten z. B. künstliche Rippen und Hüftgelenke, Schädelplatten, Kniescheiben und Goldzähne.

S. 363 ff), der Erben nach § 958 BGB bestehe. Hieraus resultiere ein Herausgabeanspruch analog § 985 BGB, zu dessen Durchsetzung, sollte ein anderer als der Anspruchsinhaber Totenfürsorgeberechtigter sein, dessen Mitwirkung verlangt werden könne. Zum Meinungsstand vgl. Gropp, JR 85, S. 182 m.w.N..

158 Dippel, a.a.O.; Lenckner, a.a.O.; Bieri, S. 73 f; Weimar, JR 79, S. 363 und 364 a.E..

159 Bringewat, a.a.O. und JuS 81, S. 213 f; dem zustimmend Gropp, JR 85, S. 182, Lackner, a.a.O.; Rudolphi, a.a.O..

160 Bringewat, JA 82, S. 62.

161 Stentenbach, S. 16.

Keine Leichenteile seien dagegen die Implantate, denen lediglich eine unterstützende Funktion zukomme, indem sie Defizite insuffizienter Organe und Körperteile ausglichen und indem ihr Einsatz von vornherein nur für die Zeit der Insuffizienz bzw. bis zu ihrem Defekt bestimmt sei. Hierzu gehöre insbesondere der Herzschrittmacher, der von Zeit zu Zeit gewartet und neu eingestellt werden müsse.
Diese Differenzierung werde dem Schutzzweck des § 168 StGB wesentlich gerechter, da nur diejenigen künstlichen Teile unter den Begriff des "Leichenteils" fielen, die den Toten schon zu Lebzeiten zum "gleichwertigen Menschen" erhoben hätten. Der sich so ergebende postmortale Schutz des Implantatträgers entspreche dem des Nicht-Implantatträgers[162].

Diese Argumente haben durchaus Gewicht. Das Rechtsgut des § 168 StGB konkretisiert sich zwar in dem Bedürfnis nach der Unberührbarkeit des Leichnams und der Totenruhe[163]. Welche Verletzung des Rechtsguts vom Tatbestand des § 168 StGB erfaßt wird, muß sich aber aus dem Wortlaut ergeben.
So verstößt zwar das Entfernen von verschluckten Wertgegen-ständen aus dem Magen des Verstorbenen gegen das Interesse an der Unberührbarkeit des Leichnams. Eine Strafbarkeit nach § 168 StGB ergibt sich dadurch jedoch nicht, denn in den Tatbestand hat nur die Wegnahme der Leiche oder von Leichenteilen und der beschimpfende Unfug daran Eingang gefunden, nicht aber die Entfernung von fremden Gegenständen[164].
Das Tatbestandsmerkmal "Leichenteil" müßte daher unter Berücksichtigung des Rechtsgutes bei der Auslegung auch dazu in der Lage sein, künstliche Implantate mit zu umfassen.
Als Leichenteil kann ein künstliches Implantat somit nur gelten, wenn es als dem Körper zugehörig empfunden wird, so daß sich das Gefühl der Verbundenheit und Pietät[165] auf das Implantat erstreckt[166]. Solange ein Herzschrittmacher nicht gleichsam das Herz repräsentiert, muß dies bei einem solchen Hilfsgerät aber verneint werden. Dieses bleibt, egal wie lange es sich im Kör-

---

162 Stentenbach, S. 16 f.
163 Vgl. oben, § 3, A..
164 Zur Definition des beschimpfenden Unfugs vgl. oben, Fn. 152. Allein aus der Tatsache der Öffnung des Toten, um an Wertgegenstände im Mageninhalt zu kommen, kann trotz des mehr als unschönen Sachverhalts eine Mißachtenskundgebung nicht abgeleitet werden.
165 Wiederum bedarf es dabei keiner tatsächlichen Verletzung der Gefühle von Angehörigen oder der Allgemeinheit. Es geht allein um die Erfassung des durch das Rechtsgut der Pietät geschützten Bereichs.
166 Insoweit auch die erste Ansicht, insbesondere Dippel, a.a.O..

per eines Menschen befindet, ein nicht dem Körper zugerechneter Fremdkörper und wird als solcher auch von Dritten empfunden.
Ein Abstellen auf die Qualifizierung des Eingriffs als Eingriff in die Körperintegrität beim Lebenden i. S. der §§ 223 ff StGB geht fehl, denn dieser bezieht sich auf die Verletzung des Körpers bei der Entnahme und nicht auf das entnommene Implantat[167].

Für eine Differenzierung nach der Funktion des Implantats und nach der Dauer des geplanten Gebrauchs spricht daher sehr viel.
Stentenbachs Einteilung bietet für die Frage, ob ein künstliches Implantat als dem Körper zugehörig angesehen wird, geeignete Kriterien. Im Ergebnis ist ihm daher zuzustimmen.

167 In diesem Sinne kann Bringewat, a.a.O., nur zugestimmt werden.

§ 5 Wegnahme aus dem Gewahrsam des Berechtigten

Die für die erörtete Fragestellung in Betracht kommende Tathandlung ist die Wegnahme von Teilen des Körpers eines Verstorbenen aus dem Gewahrsam des Berechtigten.

Wie in § 242 StGB wird auch hier die Wegnahme als der Bruch des Gewahrsams, also die ohne den Willen des Gewahrsamsinhabers erfolgende Aufhebung des Gewahrsamsverhältnisses[168] verstanden. Die Begründung eines neuen Gewahrsamsverhältnisses ist hier dagegen nicht Voraussetzung für die Annahme der Wegnahme.

A. Der Berechtigte im Sinne des § 168 StGB

Strafbar ist die Wegnahme, anders als bei § 242 StGB, nur, wenn der Leichnam sich im Gewahrsam des Berechtigten befindet.

Berechtigt i.S.d. § 168 StGB ist derjenige, dem die Obhut über den Leichnam zusteht[169].
Das Obhutsrecht ergibt sich dabei aus dem Recht der sogenannten Totenfürsorge[170]. Dieses Rechtsinstitut bedarf einer eingehenden Erörterung.

I. Das Recht der Totenfürsorge

Eine umfassende ausdrückliche Regelung bezüglich der Rechte und Pflichten anläßlich eines Todesfalles existiert nicht. Wie aber zu zeigen sein wird, lassen sich diese zwingend aus den Aufgaben, die für die Rechtsgemeinschaft aus dem Todesfall erwachsen, ableiten.
Die für das Recht bestehenden Aufgaben ergeben sich aus den zu schützenden Interessen. Diese sind unterschiedlicher Natur und werden auch durch unterschiedliche Institute geregelt:

1. Öffentlich-rechtlicher Bestattungszwang

---

168 LK-Dippel, § 168, Rn. 20; Sch/Sch-Lenckner, § 168, Rn. 7.
169 von Bubnoff, S. 71.
170 LK-Dippel, § 168, Rn. 20 m.w.N.

Zum einen bedarf es des Schutzes der Gesundheit der Lebenden[171].
Dieser Schutz wird durch den öffentlich-rechtlichen Bestattungszwang gewährleistet[172], welcher entweder durch das als Landesrecht teilweise fortgeltende Feuerbestattungsgesetz vom 15.05.1934[173] bzw. durch die entsprechenden Friedhofsgesetze der Länder[174] gesetzlich geregelt ist. Er wird konkretisiert durch eine Bestattungspflicht für Angehörige in einer bestimmten Reihenfolge, oder, falls diese nicht existieren bzw. erreichbar sind, für die Gemeinde, in der der Verstorbene zuvor lebte bzw. sich aufhielt.
Ziel dieser Regelungen ist, durch rechtzeitige und sachgerechte Bestattung eine Gefahr für die Allgemeinheit zu verhindern.

2. Totenfürsorge

Zum anderen müssen auch die Empfindungen der Lebenden vor der Verletzung durch pietätlose Behandlung des Leichnams geschützt werden[175].
Dieses Interesse wird durch das Recht der Totenfürsorge, welches zwar nicht gesetzlich geregelt, aber gewohnheitsrechtlich anerkannt ist[176], gewahrt.

a) Inhalt des Totenfürsorgerechts

Zweck dieses Rechtes ist es, dem Pietätsschutz gerecht zu werden. Es geht bei diesem Rechtsinstitut darum, mit Rücksicht auf die Hinterbliebenen und die Allgemeinheit eine angemessene Bestattung zu besorgen und dem Leichnam als "objektgewordenem Menschenrest[177]" mit der ihm entsprechenden Ehrfurcht bzw. mit dem ihm entsprechenden Respekt zu begegnen. Dies kann nur geschehen, soweit auf die dem Verstorbenen zukommende Menschenwürde und sein fortdauerndes Persönlichkeitsrecht Rücksicht genommen wird.
Wie dies konkret auszusehen habe, dafür solle zumeist der letzte Wille oder der sonstwie erkennbar gemachte Wille des Verstorbenen wesentliche Anhalts-

---

171 von Blume, AcP 112, S. 373.
172 Gaedke, S. 113; MüKo-Siegmann, § 1968, Rn. 6.
173 RGBl. I, S. 380.
174 Vgl. für die neuen Bundesländer die Verordnung über das Bestattungs- und Friedhofswesen vom 17.04.1980, GBl. DDR, S. 159, die nach Art. 9 des Einigungsvertrages vom 31.08.1990, BGBl. II, S. 889, als Landesrecht der neuen Bundesländer fortgilt.
175 von Blume, AcP 112, S. 373.
176 So bereits von Blume, AcP 112, S. 388, 398 ff; Gaedke, S. 117; Palandt-Edenhofer, Einl. v. § 1922, Rn. 9.
177 von Bubnoff, S. 72.

punkte geben[178]. Sind solche Anhaltspunkte nicht vorhanden, muß der mutmaßliche Wille des Verstorbenen von den Inhabern des Totenfürsorgerechts herausgefunden bzw. festgelegt werden[179]. Der Totenfürsorgeberechtigte fungiert dabei als "Sachwalter" des Verstorbenen zur Durchsetzung seiner Vorstellungen[180].
In erster Linie hat die Totenfürsorge dabei in jedem Fall die Aufgabe, darüber zu wachen, daß der Leichnam grundsätzlich unberührt bleibt und dafür zu sorgen, daß die Bestattung unter Berücksichtigung der weltanschaulichen und religiösen Vorstellungen des Verstorbenen bzw. der Gemeinschaft, der er sich zurechnete, erfolgt[181].

Das Recht der Totenfürsorge kann demnach nur die Befugnis enthalten, "über den Leichnam zum Zwecke angemessener Bestattung zu verfügen und Einwirkungen Unberechtigter von ihm auszuschließen[182]."
Es soll also durch den Inhaber des Totenfürsorgerechts die Art und Weise der Bestattung geregelt und der Schutz des Leichnams gewährleistet werden. So bestimmt auch allein der Totenfürsorgeberechtigte, inwieweit in die körperliche Integrität des Verstorbenen, zum Beispiel durch Entnahme eines Organs, eingegriffen werden kann.
Das Totenfürsorgerecht läßt sich damit einleuchtend in Bestattungsrecht und Obhutsrecht gliedern.

b) Charakter des Totenfürsorgerechts

---

178 Vgl. Bieler, JR 76, S. 226.

179 Steffen, S. 102; Bieler a.a.O.; Palandt-Edenhofer, Einl. v. § 1922, Rn. 10.

180 Zur Qualifizierung als Sachwalter des Toten vgl. insbesondere Schreiber, Klug-FS, S. 350. Diese Qualifizierung liegt auch dem Konzept der sog. "erweiterten Zustimmungslösung" des Transplantationsgesetzes zugrunde: Als Sachwalter des postmortalen Persönlichkeitsrechts können sich die Angehörigen mit der Organentnahme einverstanden erklären, soweit der Verstorbene sich hierüber vor seinem Tod nicht geäußert hatte, wobei der Angehörige bei seiner Entscheidung den mutmaßlichen Willen des Verstorbenen zu beachten hat, § 4 TPG. Auch ist zu beachten, ob der Verstorbene vor seinem Tod einer bestimmten Person die Entscheidung über eine Organentnahme übertragen hatte, § 4 Abs. 3 TPG. Vgl. hierzu auch Holznagel, DVBl. 97, S. 394. Laufs, VersR 72, S. 8, geht von einer Treuhänderfunktion aus. Vergleichbar ist diese Sachwalterfunktion mit jene der Eltern für ihre Kinder, bevor diese für sich selbst Verantwortung übernehmen können. Die Eltern sind berechtigt, über die Belange ihrer Kinder zu entscheiden, weil von ihnen erwartet wird, daß sie die Interessen des Kindes so lange vernünftig wahrnehmen werden, bis das Kind selbst dazu fähig ist. Art. 6 Abs. 2 GG zeigt aber, daß diese Erwartungen auch erfüllt werden müssen, um das Recht der Fürsorge weiter ausüben zu dürfen. Sind die Eltern nicht dazu in der Lage, dem Kindeswohl entsprechend zu handeln, kann ihnen ihre Entscheidungsgewalt genommen werden, vgl. beispielsweise § 1666 BGB.

181 Vgl. Steffen, S. 103; Bieler a.a.O..

182 von Blume, AcP 112, S. 379; Gaedke, S. 120; MüKo-Siegmann, § 1968, Rn. 7; Soe/Sie-Stein, § 1922, Rn. 18; Palandt-Edenhofer, a.a.O; OLG München, NJW 76, S. 1805.

Das Totenfürsorgerecht, das aus dem Todesfall erwächst und den Inhaber zum Sachwalter des Verstorbenen macht, ist kein eigennütziges, sondern ein Pflichtrecht[183]. Gegenstand ist ein Fürsorgerecht über den Verstorbenen, welches den dazu Berechtigten zum Zwecke des Schutzes der Pietät das notwendige Durchsetzungsvermögen gegenüber Dritten verleiht[184].
Fürsorgerechte werden in unserem Rechtssystem immer nur dann jemandem zugesprochen, wenn für das Objekt einer Regelung auch das Bedürfnis zur Fürsorge besteht. Besteht aber ein Bedürfnis, so kann sich dieses nur durch die Auferlegung einer Pflicht befriedigen. Ein Fürsorgebedürfnis bedingt also zwangsläufig das Recht und die Pflicht zur Fürsorge[185]. Es ist daher nur konsequent, von einem "Amt" der Totenfürsorge zu sprechen[186].
Die Charakterisierung als Totenfürsorgeamt entspricht auch dem allgemeinen Sprachgebrauch, in dem von "letzter Ehre" für den Verstorbenen die Rede ist, deren Erweisung die "Erfüllung einer letzten Pflicht" für die Verwandten und Freunde des Toten sei[187].

Da das Schutzgut der Pietät in erster Linie seine Grundlage in familiären Bindungen hat, ist es allgemeine Auffassung dieses gewohnheitsrechtlich entwickelte Institut als ein Pflichtrecht familienrechtlicher Natur zu sehen[188]. Hieraus läßt sich auch die Unabhängigkeit zur erbrechtlichen Regelung der Kostenfrage für das Begräbnis, § 1968 BGB, erklären[189].

c) Inhaber des Totenfürsorgerechts

Zur Beantwortung der Frage, wer der zur Totenfürsorge Berechtigte ist, wenn der Verstorbene selbst keinen benannte[190], wurde bereits 1914 durch von Blume der einfachste und deshalb wohl auch überzeugendste Ausgangspunkt gewählt:

---

183 Vgl. Sch/Sch-Lenckner, § 168, Rn. 5; Gaedke, S. 122.

184 Daher wird das Totenfürsorgerecht als absolutes Recht i.S.d. § 823 BGB anerkannt, vgl. LG Bonn, JW 1928, S. 2294, 2296; von Blume, AcP 112, S. 396; Trockel, MDR 69, S. 812; Gucht, JR 73, S. 234; Zimmermann, NJW 79, S. 571; Gaedke, S. 118, 120, Palandt-Edenhofer, Einl. v. § 1922, Rn. 12. Trockel, NJW 70, S. 493, leitet hieraus auch das Recht ab, nicht durch Genehmigung erlangte Leichenteile zum Zwecke der Bestattung herauszuverlangen.

185 Vgl. z.B. familienrechtliche Fürsorgeverhältnisse jeglicher Art.

186 So von Blume, AcP 112, S. 396.

187 Vgl. auch von Blume, AcP, S. 371, 379.

188 Vgl. von Blume, AcP 112, S. 386; Trockel, MDR 69, S. 811; Gaedke, S. 112, 122; MüKo-Siegmann, § 1968, Rn. 7; Soe/Sie-Stein, § 1922, Rn. 18.

189 So bereits von Blume a.a.O.

190 Der Wille des Verstorbenen soll in erster Linie über den Totenfürsorgeberechtigten entscheiden, vgl. auch Steffen, S. 100. Im Normalfall wird diese Frage aber zu Lebzeiten sehr selten angeschnitten.

Berechtigt zur Totenfürsorge muß "der sein, den sie angeht"[191]!
Welche Regelung könnte größeren Sinn ergeben als die, denjenigen das Amt der Totenfürsorge zuzusprechen, die über den Tod hinaus durch das Gefühl der Zusammengehörigkeit mit dem Toten verbunden sind, das Pietätsinteresse also verkörpern?
Bedarf es demnach einer Reihenfolge der Berechtigten, so muß die jeweilige Nähe zum Verstorbenen entscheiden. Diese Überlegung wird auch den Gesetzgeber des Feuerbestattungsgesetzes und der Friedhofsgesetze der Länder geleitet haben[192]. Denn es wäre ohne Sinn, jemand anderen als denjenigen zur Bestattung zu verpflichten, der sich ohnehin aufgrund seiner familiären bzw. freundschaftlichen Nähebeziehung zum Toten dazu verpflichtet sieht. Die starre Reihenfolge der Verpflichteten in den öffentlich-rechtlichen Regelungen, deren Sinn es ist, eine eindeutige und sofortige Verantwortungszuweisung für das Interesse der öffentlichen Sicherheit zu ermöglichen, ist allerdings für das Recht der Totenfürsorge unsachgerecht. Nicht die vermutete, sondern nur die tatsächliche Nähe zum Verstorbenen ist dazu in der Lage, den Pietätsschutz zu garantieren[193]. Demnach können verwandtschaftliche Beziehungen die Vermutung einer größeren Nähe in dem Sinne aufstellen, daß grundsätzlich der Ehegatte vor den Kindern und diese vor den Eltern, Geschwistern und anderen Verwandten berufen sind, ohne aber ausschließen zu können, daß im Einzelfall jemand aus dieser Reihe oder eine dritte Person ein näheres Verhältnis zu dem Verstorbenen hatte. Dann ist diese Person aber auch zur Totenfürsorge zu berufen[194].

Existieren keine Angehörigen oder sind diese nicht zu erreichen, so gilt es, den Pietätsinteressen der Allgemeinheit gerecht zu werden.
Unabhängig vom Totenfürsorgerecht wird einhellig vertreten, daß hinter den Angehörigen diejenigen Berechtigte i. S. d. § 168 StGB sein sollen, die befugtermaßen den Leichnam tatsächlich in ihrer Obhut haben. Dies sei insbesondere z.B. der Leiter des Krankenhauses bzw. des Altersheims, in dem die

191 von Blume, AcP 112, S. 390 ff.

192 Vgl. oben, § 5, A. I. 1..

193 Anders entschieden hat sich der Gesetzgeber in § 4 TPG. Bei der Frage, wer der für die Organentnahme zustimmungsberechtigte Angehörige sein soll, hat er sich für eine starre Reihenfolge, ähnlich der im Feuerbestattungsgesetz, entschieden, wobei allerdings eine Ausnahmeregelung für andere Personen, die dem Verstorbenen besonders nahe standen, vorgesehen ist. Grundsätzlich dürfte der Gesetzgeber sich daher ebenfalls an der Nähebeziehung orientiert haben; im Interesse der Rechtssicherheit und der Adressaten der Regelung, nämlich den Ärzten, glaubte man aber auf eine starre Regelung nicht verzichten zu können.

194 Ebenso von Blume, AcP 112, S. 393; Gaedke, S. 117 f; Carstens, S. 147; LK.Dippel, § 168, Rn. 20; Sch/Sch-Lenckner, § 168, Rn. 5; MüKo-Siegmann, § 1968, Rn. 7; Palandt-Edenhofer, Einl. v. § 1922, Rn. 9; i.E. auch Soe/Sie-Stein, § 1922, Rn. 18.

betreffende Person verstarb[195]. Sinn dieser Regelung soll sein, im Falle des Fehlens von Angehörigen zumindest einen strafrechtlichen Schutz gegenüber fremder Manipulation am Leichnam zu gewährleisten, wenn schon der Schutz der Totenfürsorge nicht gegeben sei[196].

Dem stehen erhebliche Bedenken gegenüber.
Es wird nicht begründet, worauf diese Berechtigung beruhen soll. Nach dem eben erläuterten[197] soll derjenige Berechtigter sein, von dem erwartet wird, daß er sein Obhutsrecht im Interesse des Verstorbenen ausüben wird. Der Verstorbene selbst konnte zu Lebzeiten den Totenfürsorgeberechtigten festlegen. Tat er dies nicht, muß der zu wählende Totenfürsorgeberechtigte dem mutmaßlichen Willen des Verstorbenen entsprechen können. Dies kann nicht ohne weiteres bei dem Leiter der Institution, in der die betreffende Person verstarb, angenommen werden[198]. Nicht umsonst leitet sich die Berechtigung i.S.d. § 168 StGB grundsätzlich vom Totenfürsorgerecht ab. In dem Fall aber, in dem keine Angehörigen aufzufinden sind, soll sich die Berechtigung aus der tatsächlichen Situation ableiten. Dieses führte jedoch zu dem paradoxen Ergebnis, daß berechtigt zum Gewahrsam derjenige wäre, der die Obhut über den Leichnam hat und nicht derjenige, der die Obhut über den Leichnam haben soll![199] Das Totenfürsorgerecht ergibt sich aus der Beziehung zum Lebenden und nicht aus dem Umstand des Todes.

Es besteht aber auch kein Bedürfnis für eine derartige Regelung. Denn es gibt durchaus einen geeigneten Inhaber für das Totenfürsorgerecht:
Verkörpern die Angehörigen ihr eigenes Pietätsinteresse, so verkörpern staatliche Organe das der Allgemeinheit. Die Institution, die für den Lebenden Fürsorge zu treffen hatte bzw. bei Bedürfnis zu treffen gehabt hätte, wird auch in das "Amt" der Totenfürsorge zu berufen sein. Auch hier geht die aus dem öffentlich-rechtlichen Bestattungszwang erwachsene Bestattungs-pflicht den Weg voraus, indem die angesprochenen Regelungen[200] die Kommunen verpflichten, den Toten zu bestatten. Das gleiche muß für das "Amt" der

---

195 Welzel, S. 451; von Bubnoff, S. 72; Bockelmann, S. 105 f; LK-Dippel, § 168, Rn. 21.

196 Die Annahme eines fehlenden Schutzes seitens der überwiegenden Ansicht liegt an ihrem Verständnis vom Gewahrsamsbegriff, vgl. unten, § 5, B. I.. Eine in Bezug auf die Gewahrsamsbegriffsauslegung dem entgegenstehende Ansicht beschränkt sich lediglich auf die Feststellung einer bezüglich Angehöriger nachrangigen Berechtigung, vgl. von Bubnoff, S. 72; LK-Dippel, § 168, Rn. 21; und unten, § 5 B. II..

197 Vgl. oben, § 5, A. I. 2. c).

198 So auch Steffen, S. 108.

199 Vgl. auch unten, § 5, B. III. 1..

200 Vgl. oben, § 5, A. I. 1..

Totenfürsorge gelten[201]. Die Kommunen sind es, die für den bedürftigen Lebenden Sorge zu tragen haben; sie sollen es auch sein, wenn dieser verstirbt. Nur so können Interessenkonflikte derjenigen vermieden werden, die den Leichnam zufällig in ihrer Obhut haben[202]. Vorteil dieser Regelung ist auch, daß grundsätzlich bei jedem Verstorbenen ein Totenfürsorgeberechtigter existiert, unabhängig vom Ort des Versterbens. So gibt es auch immer jemanden, der sich um die jeder Person zukommenden Achtung zu kümmern hat.

d) Entstehung der Berechtigung und Verpflichtung aus dem "Amt" der Totenfürsorge

Da das Bedürfnis zur Totenfürsorge mit Eintritt des Todes entsteht, muß auch der Totenfürsorgeberechtigte und -verpflichtete ab diesem Zeitpunkt zum "Amt" der Totenfürsorge berufen sein. Und da das Fürsorgebedürfnis bei jedem Leichnam besteht, ist es undenkbar, daß überhaupt niemand das Totenfürsorgeamt übernimmt. Der Primärverpflichtete muß demnach automatisch mit dem Tode in das "Amt" berufen werden. Als Pflichtrecht bedarf es also keiner Annahmeerklärung. Es ist lediglich denkbar, sich nachträglich des automatisch übertragenen Amtes wieder zu entledigen; hierzu müßte eine Einigung mit einem Angehörigen, der nachrangig berufen ist, erreicht werden.

e) Zwischenergebnis

Zusammengefaßt ergibt sich demnach für das gewohnheitsrechtlich entwickelte Totenfürsorgerecht folgendes:

---

201 So auch Gaedke, S. 118; Bieler, JR 1976, S. 228, LK-Dippel, § 168, Rn. 21; Sch/Sch-Lenckner, § 169, Rn. 5; die staatliche Verpflichtung im Umfang der privatrechtlichen Verpflichtung bereits beschreibend von Blume, AcP, 112, S. 421; Steffen, S. 55, irrt mit der Annahme, die Gemeinde solle nach den zitierten Ansichten nur nach der Bestattung Berechtigte sein.

202 Ebenso, Steffen, S. 108. Besonders deutlich wird der Interessenkonflikt in dem vom AG Berlin-Tiergarten, NJW 96, S. 3092, entschiedenen Fall:
Im Uniklinikum Rudolf Virchow wurden Verstorbenen anläßlich rechtmäßig durchgeführter Sektionen auch Hirnhäute entnommen und diese verkauft. Das AG verneinte die Leichenteilqualität i.S.d. § 168 StGB, weil die Leitung des Krankenhauses im Falle des Versterbens berechtigte Inhaberin des tatsächlichen Gewahrsams sei. Durch ihre Entscheidung, die bei Sektionen entnommenen Teile nicht wieder in den Körper zurückzulegen, werde das entnommene Körperteil aus dem Schutzbereich des § 168 StGB ausgegliedert. Unabhängig davon, daß konsequent nach dieser Ansicht im übrigen nur der Gewahrsamsbruch hätte abgelehnt werden dürfen -der Berechtigte im Sinne von § 168 StGB soll die Obhut ausüben und hat keinerlei Aneignungsrechte!-, hätte das AG folgerichtig den Arzt nach § 246 StGB verurteilen müssen: Wenn durch die Änderung der Zweckrichtung der Schutz des § 168 StGB entfällt, wird der Körperteil eigentumsfähig. Dieses Eigentum steht aber dem Erben des Verstorbenen zu. Durch den Verkauf maßt sich der gewahrsamshabende Arzt dieses Eigentum an.

Das Totenfürsorgerecht ist ein Pflichtrecht familienrechtlicher Natur, das mit dem Tode beim Erstberechtigten entsteht und als "Amt" bezeichnet werden kann.

Es besteht aus Bestattungsrecht und Obhutsrecht.

Zur Totenfürsorge berechtigt und verpflichtet ist derjenige, der dem Verstorbenen am nächsten stand und somit zur Berücksichtigung der Vorstellungen des Verstorbenen bezüglich der Behandlung des Leichnams und dessen Beerdigung am ehesten in der Lage ist.
Hinter dem Primärverpflichteten sind weitere Verwandte oder Freunde mit Berücksichtigung ihrer Nähe zum Verstorbenen zur Totenfürsorge berufen.

Existieren keine Angehörigen bzw. andere dem Verstorbenen nahestehende Personen oder sind diese nicht erreichbar, so ist die Gemeinde, in der der Verstorbene lebte bzw. sich aufhielt, zur Totenfürsorge berufen.

II. Schlußfolgerung für § 168 StGB

Das Rechtsgut der Pietät findet seinen ersten Schutz in dem Amt der Totenfürsorge. Dieses Recht verhilft dem Verpflichteten zur Durchsetzung des Pietätsinteresses dadurch, daß es ihm unter anderem auch das Recht zur Obhut über dem Leichnam verleiht.
Einen weiteren Schutz findet die Pietät darin, daß ein unbefugter Eingriff in den Rechtskreis der Obhut dann mit Strafe bedroht ist, wenn der Eingriff durch die Wegnahme aus dem Gewahrsam des Totenfürsorgeverpflichteten oder durch beschimpfenden Unfug am Leichnam erfolgt[203].
Da es sich also um unerlaubte Eingriffe in die zu erfüllende Aufgabe der Totenfürsorge handelt, ist es auch durchaus richtig, hier nicht auf die Eigenschaft der Verpflichtung, sondern auf die der Berechtigung zur Totenfürsorge abzustellen. Daher läßt sich die Bezeichnung "Berechtigter" in § 168 Abs. 1, 1. Alt. StGB erklären.

---

203 Entsprechend ist die Konstruktion beim Bestattungsrecht: Zum Schutz der Pietät wird dem Totenfürsorgeverpflichteten das Amt auferlegt, über Art und Weise der Bestattung und der Gestaltung der Grabstätte zu bestimmen. Ein strafrechtlicher Schutz der Pietät greift ein, wenn in den Rechtskreis des Verpflichteten in der Weise eingegriffen wird, daß an der Grabstätte beschimpfender Unfug betrieben oder diese zerstört bzw. beschädigt wird.

B. Untersuchung des Gewahrsamsverhältnisses bei in Kliniken befindlichen Leichen

Die Wegnahme von Leichenteilen ist nur gem. § 168 Abs. 1, Alt. 1 StGB strafbar, wenn dadurch der Gewahrsam des Berechtigten gebrochen wird.
Im folgenden ist zu klären, ob am Leichnam, obwohl in der Klinik befindlich, Gewahrsam der zur Totenfürsorge berechtigten Angehörigen zu bejahen, oder ob die Klinik selbst Gewahrsamsinhaberin ist.
Wie der Gewahrsamsbegriff in § 168 StGB zu verstehen ist, ist seit Ende der sechziger Jahre höchst umstritten.
Die wohl auch heute noch überwiegende Ansicht versteht unter "Gewahrsam" i.S.d. § 168 StGB ein tatsächlich ausgeübtes Obhutsverhältnis im Sinne einer tatsächlichen Zugriffsfähigkeit auf den Leichnam. Dabei wird strikt zwischen der Frage der Berechtigung zur Obhutsausübung und der Frage getrennt, wer diese Obhut tatsächlich innehat[204].
Wenn auch die Angehörigen als Totenfürsorgeberechtigte in erster Linie berechtigt zum Gewahrsam i.S.d. § 168 StGB sind, haben sie nach dieser Ansicht aufgrund fehlender Zugriffsmöglichkeit auf den Leichnam keinen Gewahrsam, den Ärzte bei eigenmächtigen Entnahmen brechen könnten.

Demgegenüber gewinnt eine Meinung zunehmend an Rückhalt, die die Formulierung "Gewahrsam des Berechtigten" als Kennzeichnung eines Doppelmerkmals begreift und darin lediglich einen Hinweis auf das dahinterstehende Obhutsrecht sieht. Das Recht zur Obhut entscheidet hiernach bereits über das Obhutsverhältnis, so daß jeder Eingriff in dieses Obhutsrecht einen Gewahrsamsbruch darstellt[205].
Da dieses Obhutsrecht in erster Linie den totenfürsorgeberechtigten Angehörigen zusteht, haben diese auch an dem in der Klinik befindlichen Leichnam Gewahrsam.

Eine eingehende Untersuchung zum Gewahrsamsbegriff in § 168 StGB existiert nicht. Bis auf wenige Ausnahmen[206] haben die dargelegten Positionen eher fragmentarischen Charakter.

---

204 Vgl. unten, § 5, B. I..
205 Vgl. unten, § 5, B. II..
206 Besonders Steffen und Geilen in den angegebenen Aufsätzen.

Im folgenden wird versucht, eine zusammenhängende Darstellung der Argumentationslinien der einzelnen Positionen zu geben, um diese dann eingehend auf ihre Schlüssigkeit hin zu untersuchen.

I. Die überwiegende Ansicht

Für die überwiegende Ansicht ist das Hauptkriterium zur Bestimmung des Gewahrsamsinhabers die faktische Zugriffsmöglichkeit auf die Leiche.

In der ersten Tatbestandsalternative des § 168 StGB komme mit der Formulierung "aus" dem Gewahrsam eine räumliche Beziehung zum Ausdruck, die der Berechtigte zu dem Leichnam haben müsse[207].
Der Begriff des Gewahrsams werde, wie § 242 StGB zeige, vom Gesetzgeber verwendet zur Kennzeichnung einer unmittelbaren, tatsächlichen Herrschaft, also der Möglichkeit faktischer Verfügung bzw. Einwirkung auf einen Gegenstand[208].
Vom Gewahrsamsbegriff der Eigentumsdelikte der §§ 242, 246[209] StGB ausgehend, sehen die Vertreter der überwiegenden Ansicht das Leitprinzip der Auslegung damit im hier bestimmenden Kriterium der "Sachherrschaft".
Bei Vergleich des durch Gesetz verwendeten Wegnahmebegriffes in den verschiedenen Regelungen[210] wird zwar betont, daß "die Methodenlehre keinen Grundsatz einer Einheitlichkeit der Terminologie (kenne); dem gleichen Wortlaut in verschiedenen Normen desselben Gesetzes also nicht notwendig eine entsprechende Bedeutung" zukomme, und daß somit der Schutz unterschiedlicher Rechtsgüter in den einzelnen Straftatbeständen zu unterschiedlicher Auslegung führen könne. Es wird dabei aber auf die Zulässigkeit verwiesen, "unter Berücksichtigung der unterschiedlichen Schutzrichtungen eine gewisse Parallelisierung der Begriffe anzustreben"[211].

Zwar ist der Gewahrsamsbegriff nach dieser Ansicht nicht mit dem des § 242 StGB identisch. Von "Sachherrschaft" zu sprechen, sei in Hinblick auf diesen Zusammenhang völlig unpassend[212]. Er kennzeichne vielmehr ein tatsächlich

207 Albrecht, S. 89.
208 OLG München, NJW 76, S. 1805, dem sich anschließend OLG Stuttgart, OLG Karlsruhe, beide Justiz 77, S. 313.
209 Zu § 246 StGB n.F. nach dem 6. StRG vgl. unten, Fn. 228.
210 Insbesondere §§ 242, 289, 168, 274 I 1 Nr.3 StGB, § 17 II Nr.1c UWG.
211 Laubenthal, JA 90, S. 43.
212 Sch/Sch-Lenckner, § 168, Rn .6.

ausgeübtes Obhutsverhältnis im Sinne eines Aufsichts- und Bewachungsverhältnisses. Der Begriff Gewahrsam sei aber trotz der zur Berücksichtigung des Rechtsgutes notwendigen "rechtsnäheren und tatferneren" Auslegung ein den Anwendungsbereich begrenzendes Faktizitätselement[213].
Demnach könne der so verstandene Begriff des Gewahrsams nicht identisch mit der Rechtsbeziehung der Angehörigen zur Leiche sein[214].
Daher hätten nicht die Angehörigen, sondern die gerade tätig werdenden Ärzte den Gewahrsam an den in Kliniken befindlichen Leichnamen[215].

Nach dieser Ansicht ist also das Leitprinzip der "Sachherrschaft" aus § 242 StGB auf die "tatsächliche Obhut" des § 168 StGB zu übertragen, indem dort die faktische Zugriffsbefähigung auf die Leiche als entscheidendes Kriterium für die Interpretation zu sehen ist.

Hiernach ist die Klinik, unabhängig von der Frage der Berechtigung aufgrund ihrer Zugriffsmöglichkeit auf den Leichnam Gewahrsamsinhaberin, so daß sie diesen Gewahrsam durch Leichenteilentnahmen nicht brechen kann[216].

Der fehlende strafrechtliche Schutz vor eigenmächtigen Leichenteilentnahmen in Kliniken habe seine Ursache darin, daß der Gesetzgeber selber an den Fall nicht gedacht habe. Auch wenn das geschützte Rechtsgut die Pietät der Angehörigen und die der Allgemeinheit sei, so habe der Gesetzgeber nicht jede Pietätsverletzung schlechthin unter Strafe stellen wollen, sondern habe sich mit der Bestrafung der unbefugten Wegnahme aus dem Gewahrsam des Berechtigten, des Bruchs des tatsächlichen Obhutsverhältnisses, begnügen zu können geglaubt[217]. So sei historisch die Wegnahme von Leichen auch als Leichenraub (–diebstahl) bezeichnet und der Fall der weggenommenen Fundleiche als tatbestandslos erachtet worden[218].

---

213 Geilen, JZ 71, S. 43.

214 Korthals, S. 114.

215 OLG München, NJW 76, S. 1805; OLG Stuttgart/OLG Karlsruhe, beide Justiz 77, S. 313; OLG Zweibrücken, MDR 92, S. 503; Kohlhaas, NJW 67, S. 1491, im Ergebnis Bockelmann, S. 107; Geilen, JZ 71, S. 44; Kirschbaum, Med.Klin 66 (1971), S. 1630; Rüping, GA 77, S. 303; Sch/Sch-Lenckner, § 168, Rn. 6; SK-Rudolphi, § 168, Rn. 3.

216 Sch/Sch-Lenckner, § 168, Rn. 6. Inwieweit sich aus dem durch den tatsächlichen Zugriff begründeten Gewahrsam auch eine Berechtigung gegenüber den Angehörigen ergibt, wie Bode, ZBl. Allg. Path. 86 (1950), S. 370, in Hinblick auf öffentlich-rechtliche Vorschriften, die eine Herausgabe an die Angehörigen unterbinden könnten und nach denen sich die Klinik zu richten hätte, dies vertritt, ist für den Tatbestand des § 168 StGB daher nach dieser Ansicht unerheblich. Vgl. hierzu aber auch oben, § 5, A. I. 2. c).

217 Korthals, S. 116.

218 Geilen, a.a.O., dies allerdings nicht einhellig, wie Geilen selber feststellt.

Der Anspruch der Angehörigen auf Einräumung von Gewahrsam vermöge an diesem Ergebnis nichts zu ändern. Denn "wer keine tatsächliche Macht auszuüben vermag, sondern nur einen rechtlichen Anspruch auf Einräumung einer solchen Macht besitzt, hat keinen Gewahrsam"[219].

Einige Vertreter dieser Ansicht räumen den Angehörigen zumindest Mitgewahrsam an der in der Klinik sich befindenden Leiche ein, wenn die Klinik dazu bereit ist.
Eine faktische Obhut soll hiernach entstehen, wenn das Krankenhaus zu verstehen gibt, daß die Angehörigen nunmehr vorbereitende Dispositionen für die Bestattung treffen können[220].
Laubenthal verlangt für die Eröffnung von Mitgewahrsam über die Mitteilung der Klinik hinaus ein subjektiv-voluntatives Element in Form des tatsächlich auch geäußerten Willens der Angehörigen, den Gewahrsam mit der Klinik von nun an zusammen auszuüben[221].

Zusammengefaßt entsteht der Gewahrsam an dem Leichnam nach dieser Ansicht bei demjenigen, der tatsächlichen Zugriff auf den Leichnam hat, da nur so der faktischen Komponente des Gewahrsamsbegriffes entsprochen werde. Eine Übertragung von zumindest Mitgewahrsam an andere hängt konsequent demnach vom Willen des tatsächlich Zugriffsbefähigten ab.

Ein sich in der Klinik befindender Leichnam steht also hiernach solange im Alleingewahrsam dieser Klinik, wie diese dies will, unabhängig davon, ob die Angehörigen vom Tod und vom Verbleiben Kenntnis haben, ob sie verlangen, daß ihre Anweisungen bezüglich des weiteren Vorgehens respektiert werden oder nicht[222].

---

219 OLG München, NJW 76, S. 1805, 1806; Korthals, S. 115.

220 Sch/Sch-Lenckner, a.a.O.

221 Laubenthal, JR 92, S. 213-Die Einräumung von Mitgewahrsam in dieser Form hat freilich- von extremen Ausnahmen abgesehen- keine praktische Konsequenz auf den Tatbestand des § 168, da zu dem Zeitpunkt, zu dem die Klinik bereit ist, Verfügungen der Angehörigen zu respektieren, mit der Entnahme von Leichenteilen nicht mehr zu rechnen ist, diese vielmehr schon stattgefunden hat.

222 Um den Leichnam Dritten gegenüber nicht schutzlos zu lassen, wird angenommen, daß auch die Klinik berechtigten Gewahrsam hat, vgl. Bockelmann, S. 105 f. Dies ist allerdings nicht unproblematisch, da die Berechtigung zum Gewahrsam von den Vertretern aus der Zugriffsbefähigung hergeleitet wird, die gerade zur Begründung des Gewahrsams selbst führt. Damit wäre berechtigt zum Gewahrsam derjenige, der Gewahrsam hat! Vgl. auch oben, § 5, I. 2. c).

Wird der Leichnam von den Angehörigen aus der Klinik in die Leichenhalle eines Friedhofs überführt, bejahen wenige Vertreter dieser Ansicht zumindest Mitgewahrsam der Angehörigen an diesem.
Wesentlich sei nunmehr nicht die faktische Zugriffsmöglichkeit, sondern das weitergehende "tatsächliche Herrschaftsverhältnis" über den Leichnam. Daß dieses Herrschaftsverhältnis aus öffentlichrechtlichen Gründen gewissen Beschränkungen unterliege, falle nicht entscheidend ins Gewicht. Die Angehörigen seien z.B. ohne weiteres befugt, die Leiche in eine andere Leichenhalle transportieren zu lassen, um sie auf einem anderen Friedhof zu bestatten[223].

Geilen stellt zwar fest, daß aufgrund der öffentlichrechtlichen Beschränkungen und der Abhängigkeit vom Friedhofspersonal von einem "Herrschaftsverhältnis" nicht die Rede sein könne[224]. Er kommt aber dennoch zur Bejahung des Gewahrsams der Angehörigen:
Trotz der einheitlichen Terminologie[225] müsse nach dem jeweiligen "Stellenwert" des Gewahrsams differenziert werden. Das Gewahrsamssynonym der "tatsächlichen Sachherrschaft" sei ein typisches Produkt der Zueignungsdelikte, während der Begriff bei § 168 StGB nur die tatsächliche Ausübung der Totensorge bezeichne. Der Gewahrsamsbegriff müsse deshalb im Lichte der Bestattungssitten ausgelegt werden, um die einzelnen Stadien der Totensorge möglichst vollständig erfassen zu können.
So gesehen sei die Aufbahrung in der Leichenhalle trotz räumlicher Distanz und beschränkter Zugangsmöglichkeit eine für § 168 StGB geradezu typische Gewahrsamsphase. Ein intensiverer Gewahrsam der Angehörigen sei nur denkbar, wenn sich der Leichnam zu Hause befände. Daher sei man sich über die Notwendigkeit einer tatferneren und rechtsnäheren Gewahrsamsinterpretation im Grundsatz einig.
Die teleologische Umformung des Gewahrsams dürfe allerdings nicht so weit gehen, daß es zu einer Identifizierung des Gewahrsams mit dem Obhutsrecht komme; dies sei allerdings bei grundsätzlicher Bejahung des Gewahrsams der Angehörigen von Leichen in Kliniken der Fall.
Andererseits sei es zur Vermeidung einer weiteren Aushöhlung(!) der Vorschrift geradezu geboten, jede tatsächliche, wenn auch mittelbare Ausübung der Totensorge als Gewahrsam im Sinne des § 168 StGB anzusehen und dem-

223 OLG Frankfurt, JZ 75, S. 379, 380.
224 Geilen JZ 75, S. 381.
225 In Bezug auf § 242.

gemäß die "Sachherrschaft" durch den Begriff der "tatsächlichen Obhut" zu ersetzen[226].

Diese Art der Bejahung einer tatsächlichen Obhut durch Geilen relativiert allerdings die Voraussetzung der faktischen Zugriffsmöglichkeit. Durch Veranlassung der Überführung in die Leichenhalle ist der Gewahrsam auf die Angehörigen übergegangen und zwar dadurch, daß die Angehörigen zur Durchsetzung der Überführung in der Lage waren. Die faktische Komponente des Gewahrsams ist demnach in der tatsächlichen Unterordnung der Klinik als Zugriffsbefähigte unter den Willen der Angehörigen zu sehen. Diese Erklärung befindet sich in Übereinstimmung mit den Erörterungen zum Erreichen des Mitgewahrsams innerhalb der Klinik.
Aber unabhängig davon, daß die Friedhofsangestellten den tatsächlichen Zugriff auf den Leichnam haben und, was das Entscheidende ist, unabhängig davon, ob diese bereit sind, sich dem Willen der Angehörigen unterzuordnen, verbleibt nach Geilen der Gewahrsam bei den Angehörigen allein deswegen, weil es sich um ein typisches Stadium der Totensorge entsprechend unserer Bestattungssitten handelt.

Es bleibt zu klären, worin Geilen die für ihn unabdingbare faktische Komponente erblickt. Die so verstandene "tatsächliche Obhut" kann als faktisches Element nicht die tatsächliche Durchsetzungsfähigkeit gegenüber den Friedhofsangestellten beinhalten, denn diese wäre noch zu belegen. Auf das Recht der Angehörigen auf Befolgung ihrer Weisungen, kann sich Geilen ebenfalls nicht stützen, denn er besteht auf strikter Trennung von Recht zur Macht und der Macht selbst. Eine Kongruenz zu den Erörterungen über Gewahrsam an Leichen in Kliniken ließe sich allenfalls darin erblicken, daß die faktische Komponente bei Begründung des Gewahrsams durch die Unterordnung der Klinik unter den Willen der Angehörigen gegeben war, so daß zur Aufrechterhaltung des Gewahrsams nunmehr ähnlich § 242 StGB normative Gesichtspunkte zur Bestimmung der Gewahrsamslage ausreichend sind[227].

---

226 Geilen a.a.O.

227 Damit wäre auch nach dieser Ansicht zu erklären, warum die Klinik den Gewahrsam an einer Leiche, die keine Angehörigen hat, nicht verliert, wenn sie den Leichnam in eine Leichenhalle überführt:
Die Klinik erlangt durch faktische Zugriffsmöglichkeit auf die Leiche berechtigten Gewahrsam. Betrachtet man nun unsere Bestattungssitten, so handelt es sich um ein typisches Stadium der Totensorge, mithin um eine für § 168 StGB typische Gewahrsamslage, wenn der Leichnam in die Leichenhalle überführt wird, so daß der Gewahrsam auch ohne eigene Zugriffsmöglichkeit bei der Klinik verbleibt.

Es bleibt zu betonen, daß die von Teilen dieser Ansicht eingeräumte Möglichkeit zur Erlangung von Mitgewahrsam keinesfalls von allen Vertretern unterstützt wird. Die Beschlüsse der für Klageerzwingungsverfahren zuständigen[228] Oberlandesgerichte München, Stuttgart und Karlsruhe[229] lassen eher darauf schließen, daß ein Großteil der Rechtsprechung und mit ihnen ein Großteil der Literatur dabei bleibt, daß aufgrund der faktischen Zugriffsmöglichkeit auf die Leiche allein die Klinik bis zur Überführung an die Angehörigen Gewahrsam an dieser hat.
Eine Zusammenfassung der genannten Vertreter läßt sich demgemäß nur dadurch rechtfertigen, daß alle einen Gewahrsamsübergang auf die Angehörigen vom Willen des Zugriffsbefähigten abhängig machen.

Da die Menschen heute im Normalfall im Altersheim oder in der Klinik versterben, hat diese Ansicht die Konsequenz, daß der Tatbestand des § 168 StGB nur im Ausnahmefall des Versterbens im eigenen Zuhause eingreifen kann, da ansonsten die Angehörigen zumindest zum Zeitpunkt der Entnahme von Leichenteilen keinen Gewahrsam an dem Leichnam haben.
Dies wiederum führt dazu, daß in den relevanten Fällen des Versterbens in einer Klinik[230] der strafrechtliche Schutz der Leiche vor Leichenteilentnahmen jeglicher Art versagt, obwohl die Gefahr für die Rechtsgüter des § 168 StGB mit den zunehmenden Möglichkeiten der Transplantation und der vielseitigen kommerziellen Verwendung von Leichenteilen ständig wächst[231].

II. Die sog. "Gegenansicht"

Nach der vor allem durch einen Aufsatz von von Bubnoff[232] geprägten "Gegenansicht" steht die eben dargelegte Lösung mit dem Wesensgehalt des § 168 StGB nicht in Einklang.

Der Wortlaut könne nicht losgelöst von dem der Vorschrift zugrundeliegenden Zweck sachgerecht verstanden werden. Die Vorschrift beruhe auf dem Gedanken einer allgemeinen humanitären Pietät. Die Achtung vor der sterblichen Hülle sei mit dem Gefühl der Verbundenheit der Angehörigen mit dem

228 Vgl. § 172 Abs. 4 StPO.
229 Vgl. oben, § 5, B. I..
230 Dazu gehört selbstverständlich auch die Verbringung eines Unfalltoten in eine Klinik.
231 KG Berlin, NJW 90, S. 782, 783. Vgl. auch oben, § 1, B..
232 von Bubnoff, GA 68, S. 65 ff.

zum Objekt gewordenen Menschenrest, dem Rückstand der Persönlichkeit auf das engste verknüpft[233]. Dies folge auch aus der Stellung des § 168 StGB im Zusammenhang mit den Religionsdelikten[234]. § 168 StGB trage dem durch den Schutz des Obhutsverhältnisses der Angehörigen zu dem Leichnam Rechnung.

Schutz und Verletzung des Pietätsgefühls der Angehörigen seien von einem Sachherrschaftsverhältnis völlig unabhängig, das Gewahrsamsverhältnis daher nicht als Sachherrschafts- sondern als Obhutsverhältnis zu betrachten. Daher entsprächen die Begriffe "Gewahrsam" und "Wegnahme" nicht denen des § 242 StGB. Aus dem Zweckzusammenhang ergebe sich, daß das Tatbestandsmerkmal "Gewahrsam des Berechtigten" eine begriffliche Einheit darstelle und das geschützte Obhutsverhältnis der Berechtigten zu dem Leichnam kennzeichne. Wegnahme bedeute demnach Bruch dieses Obhutsverhältnisses.
Daher taste der Arzt, der ohne Einwilligung der Angehörigen Leichenteile entnehme, das mit dem Begriff "Gewahrsam des Berechtigten" gekennzeichnete Obhutsverhältnis der Angehörigen an und erfülle damit die erste Tatbestandsalternative des § 168 StGB[235].

Diese Auffassung entspreche ohne Zweifel dem Zweck der Vorschrift, den religiösen Frieden und das religiöse Gefühl des Einzelnen zu schützen, möge es sich dabei heute weitgehend auch nur um eine "humanitäre Pietät" gegenüber der sterblichen Hülle des Verstorbenen handeln[236].
Insbesondere entspreche diese Auslegung dem Willen des Gesetzgebers, wie sich aus den Motiven zu dem -insoweit wortgleichen- § 137 Preußisches StGB ergebe. Dort sei ausdrücklich erwähnt, daß "auch die Wegnahme von Leichen, oder Theilen derselben lediglich zu wissenschaftlichen Zwecken also durch Ärzte, Anatomen usw.", strafbar sein sollte. Dies sei auch die Meinung des historischen Gesetzgebers des StGB gewesen[237].

Da von Bubnoff und die sich auf ihn berufende Literatur ausschließlich auf das Obhutsverhältnis, das den Angehörigen kraft ihres Totensorgerechts zustehe,

---

233 Derselbe, GA 68, S. 72.

234 Kallmann, FamRZ 69, S. 575.

235 von Bubnoff, GA 68, S. 72 f.

236 Mit Verweis auf Maurach, Hanack, Studium Generale 23 (1970), S. 434.

237 LK-Dippel, § 168, Rn. 24 unter Hinweis auf Goltdammer Materialien, Teil II, S. 275 -richtiger Weise S. 271-.

abstellt, ohne den Inhalt oder die Ausgestaltung dieses Obhutsverhältnisses weiter auszuführen, ist allgemeine Meinung, daß diese Ansicht den Gewahrsam des Berechtigten i.S.d. § 168 StGB als Synonym für das Recht zur Obhut begreift[238].
Dieser Interpretation als Recht zur Obhut, die tatsächlich auch von anderen ausgeübt werden kann, stimmen ausdrücklich Sternberg-Lieben[239] und Dippel[240] zu.

Für die Anwendbarkeit des § 168 StGB auf Leichenteilent-nahmen in Kliniken folgt aus dieser Ansicht, daß ohne Einwilligung des Verstorbenen oder der Angehörigen die Entnahme immer als Wegnahme aus dem Gewahrsam des Berechtigten zu sehen ist:
Das Recht bzw. die Pflicht zur Totenfürsorge entsteht mit dem Tode. Damit entsteht auch das Recht zur Obhut. Die Entstehung ist also unabhängig von der Kenntnis der Angehörigen vom Tode und kann nicht durch einen entgegenstehenden Willen des tatsächlich Zugriffsbefähigten tangiert werden[241].

Eine eigenmächtige Leichenteilentnahme verletzt damit hiernach zu jedem Zeitpunkt und an jedem Ort das mit dem Merkmal "Gewahrsam des Berechtigten" umschriebene Obhutsrecht der Angehörigen und stellt einen Bruch des Obhutsverhältnisses mithin eine Wegnahme dar.

III. Diskussion

1. Die Kritik Bockelmanns an der "Gegenansicht"

Ein wichtiges Kriterium für die Zulässigkeit der Auslegung eines Rechtsbegriffes ist die Frage, inwieweit sich diese Interpretation folgerichtig durchführen läßt.
Eine fehlende folgerichtige Durchführbarkeit wirft insbesondere Bockelmann der "Gegenansicht" vor[242]:

238 Für alle Geilen, JZ 71, S. 43. Dies verkennt Steffen, S. 113 f, wenn er davon ausgeht, die Berechtigung allein als Recht zur Obhut reiche nach dieser Ansicht nicht aus.

239 Sternberg-Lieben, NJW 1987, S. 2062 in Bezug auf das 24. Strafrechtsänderungsgesetz, vgl. dazu oben, § 2, J..

240 LK-Dippel a.a.O.

241 Maurach/Schroeder/Maiwald, BT 2, § 60, Rn. 12 stimmt dem zu, sieht aber auch bereits durch die Grundsätze über den Mitgewahrsam wegen § 194 II i.V.m. § 77 II StGB eine Bejahung der Tatbestandsmäßigkeit.

242 Bockelmann, S. 106.

Falls keine Angehörigen vorhanden oder zu ermitteln sind, sei auch nach der von von Bubnoff geprägten Interpretation die Klinik, worin der Tote verstorben ist, obhutsberechtigt[243]. Dieses Obhutsrecht könne sich aber nur aus der Tatsache der faktischen Zugriffsmöglichkeit herleiten. Es sei aber nicht vorstellbar, daß ein und derselbe Begriff in ein und derselben Strafnorm verschiedenartigen Inhalt habe, nämlich einerseits ein faktisches Herrschaftsverhältnis und andererseits ein Obhutsverhältnis, das von jeder tatsächlichen Herrschaft unabhängig sei[244].

Weiterhin sei das Pietätsempfinden viel zu subjektiv orientiert, um in den überwiegenden Fällen genügend tragfähig zu sein[245].

Auch führe eine solche Interpretation zu erheblichen Abgrenzungsschwierigkeiten, da die Frage nach dem berechtigten Angehörigen aufgrund fehlender gesetzlicher Regelung nicht eindeutig zu klären sei[246].

Diese Kritik vermag im einzelnen nicht zu überzeugen:
Der Einwurf, das Pietätsgefühl als maßgebende Größe sei viel zu subjektiv, um für die Auslegung tragfähig zu sein, verkennt, daß es hier nicht darum geht, ein weiteres Kriterium in den Tatbestand aufzunehmen[247]; sondern es handelt sich bei den Überlegungen um einen Auslegungsrückgriff zur Definition eines objektiven Begriffs. Es kann dabei nicht darauf ankommen, ob die Angehörigen sich subjektiv in ihrem Empfinden verletzt fühlen oder die Strafverfolgung aus anderen Motiven betreiben, denn das psychische Faktum des Gekränktseins hat keinen Eingang in den Tatbestand gefunden[248]. An dieser Feststellung ändert die Gegenansicht aber überhaupt nichts[249].

Auch die Abgrenzungsschwierigkeiten, die Bockelmann bei der Feststellung des Totenfürsorgeberechtigten bei der "Gegenansicht" sieht, ergeben sich, wie Dippel zu recht feststellt, nicht:
Sei das Obhutsverhältnis Angehöriger demjenigen anderer vorgelagert, so übten diese den Gewahrsam auch dann für in Betracht kommende Angehörige

243 Bockelmann a.a.O. unter Verweis auf von Bubnoff, S. 73.
244 Bockelmann, S. 106 f.
245 Geilen, JZ 71, S. 44 in Bezug auf Bockelmann.
246 Bockelmann, S.106 unter Hinweis auf § 52, heute § 72 II StGB und § 2 FeuerbestattungsG als "kollidierende" Normen.
247 Im Sinne von:"Unbefugte Wegnahme aus dem Gewahrsam des Berechtigten, die dessen Pietätsgefühl oder das der Allgemeinheit verletzt".
248 Vgl. Roxin, JuS 76, S. 506.
249 Dies behauptet aber zumindest Geilen a.a.O.

aus, wenn die Leiche, etwa nach einem tödlichen Unfall oder beim Ableben in einer Klinik, zunächst ohne deren Wissen in ihre Obhut gerate[250].
Dies gilt dann konsequent auch für die Situation, daß noch nicht geklärt ist, welcher der Angehörigen der Berechtigte ist.

Den wichtigsten Einwand, den Bockelmann gegen die "Gegenansicht" vorbringt, ist zweifellos die Feststellung, daß ein und dieselbe Strafnorm ein und denselben Begriff nicht mit verschiedenartiger Ausprägung beinhalten könne. Sein Hinweis, der Gewahrsam könne sich nicht auf verschiedene Kriterien stützen, je nach dem, ob Angehörige vorhanden sind oder nicht, ist zweifellos richtig. Bockelmann verkennt aber, daß der Gewahrsamsbegriff von der "Gegenansicht" überhaupt nicht unterschiedlich ausgestaltet wird. Nicht die Frage des Gewahrsams wird unterschiedlich beantwortet, sondern die der Begründung für die Berechtigung:
Die Gegenansicht stellt die Frage, wer zur Totenfürsorge verpflichtet und damit zur Obhut berechtigt ist, falls keine Angehörigen vorhanden oder ermittelbar sind. Wenn sich die Totenfürsorgepflicht nicht aus der natürlichen Verbundenheit zum Verstorbenen ergeben kann, löst die Gegenansicht das Problem auf herkömmliche Weise, indem sie die Klinik als Berechtigte sieht[251].
Den Inhalt des Gewahrsamsbegriffes tangiert dieses Problem aber nicht. Wenn die berechtigte Person für den jeweiligen Leichnam feststeht, bleibt der Charakter des Gewahrsams nach von Bubnoff als Recht zur Obhut sowohl bei den Angehörigen als auch bei der Klinik identisch. Er ergibt sich hiernach nicht aus der Zugriffsbefähigung, sondern aus der Totenfürsorgepflicht und damit aus dem Obhutsrecht.
Auch bei der Klinik geht die tatsächliche Obhut nicht durch Verlegung der Leiche z.B. in die Leichenhalle verloren. Ohne faktische Zugriffsmöglichkeit verbleibt der Gewahrsam bei der Klinik allein aufgrund des Rechts, die Obhut über die Leiche auszuüben.
Der von Bockelmann behauptete Widerspruch ist demnach nicht existent.

Seine Bedenken gegen die Widersprüchlichkeit der Interpretation der "Gegenansicht" verlieren noch weiter an Bedeutung, wenn man, wie bereits erörtert, in den Fällen, in denen keine Angehörigen vorhanden oder innerhalb der für die Bestattung bestimmten Zeit aufzufinden sind, davon ausgeht, daß der

---

250 Dippel, a.a.O., der dieses aber unrichtigerweise auch Tröndle und Lackner zuschreibt.

251 Woraus sich auch die nachgeordnete Berechtigung -"hinter den Angehörigen"- ergibt; vgl. Welzel, S. 451; vgl. aber auch oben, § 5, A. I. 2. c).

Gemeinde, in der der Verstorbene lebte, den Toten zu bestatten obliegt[252]. Obliegt der Gemeinde in solchen Fällen die Totenfürsorge, so ist sie auch die zur Obhut Berechtigte, so daß die Klinik in jeder Situation nur die fremde Obhut für andere tatsächlich ausgestaltet.

An einer nicht folgerichtigen Durchführbarkeit scheitert von Bubnoffs Interpretation des Gewahrsams des Berechtigten als Obhutsrecht mithin nicht.

2. Die Analogieverbotsverstoßthese der überwiegenden Ansicht

a) Die Begründung des Analogieverbotsverstoßes

Hauptkritikpunkt an der Gegenansicht ist aber, daß die Auslegung des "Doppelmerkmales Gewahrsam des Berechtigten", als Hinweis auf das Obhutsrecht, die in dem Nebeneinander von "Gewahrsam" und "Berechtigung" zum Ausdruck gekommene faktische Komponente verflüchtige[253]. Das Tatbestandsmerkmal "aus dem Gewahrsam des Berechtigten" verliere im Ergebnis jegliche Bedeutung und werde gewissermaßen aus dem Straftatbestand eliminiert[254].
Eine solche Fiktion verkenne den Gewahrsamsbegriff, wobei sich auch aus dem Zweck der Vorschrift des § 168 StGB keine andere Auslegung ergebe. Zwar seien aufgrund der besonderen Rechtsverhältnisse bezüglich der menschlichen Leiche nicht Eigentum und Besitz der Erben als schutzwürdige Rechtsgüter der Vorschrift anzusehen, sondern das Pietätsgefühl der Angehörigen und der Allgemeinheit. Dies ändere aber nichts am Willen des Gesetzgebers, nicht bereits jede Beeinträchtigung des Pietätsgefühls unter Strafe zu stellen, sondern eben nur die unbefugte Wegnahme der Leiche oder von Leichenteilen. Es gebe keine triftigen Anhaltspunkte für die Annahme, daß der Gesetzgeber sich über die Bedeutung des Gewahrsamsbegriffes geirrt haben könnte und hierunter im Falle des § 168 StGB auch schon einen bloßen Rechtsanspruch verstanden wissen wollte, der sich zu einem tatsächlichen Obhutsverhältnis noch nicht konkretisiert habe[255].

252 Vgl. oben, § 5, A. I. 2. c)
253 Geilen, JZ 71, S. 43.
254 OLG Zweibrücken MDR 92, S. 503, 504.
255 OLG München NJW 76, S. 1805, 1806.

Da der Gesetzgeber ausdrücklich vom "Gewahrsam des Berechtigten" spreche, sehe er den Gewahrsam also nicht schon als in der Berechtigung enthalten, sondern als ihr hinzutretend[256]. Gerade das Nebeneinander von "Berechtigung" und "Gewahrsam" bezwecke eine zusätzliche Einschränkung, indem anders als bei § 242 StGB nicht jeder, auch der rechtswidrig erlangte Gewahrsam, sondern nur der des Berechtigten geschützt sei[257].
Daher lasse sich die Auslegung der "Gegenansicht" mit dem Wortlaut des § 168 StGB nicht vereinbaren und verstoße gegen das Analogieverbot[258].

b) Dippels These der teleologischen Umformung durch den Gesetzgeber

Dippel versucht, Kritik an der Eliminierug der faktischen Komponente mit der These zu begegnen, daß sich aus dem Willen des historischen Gesetzgebers, der auch das Verhalten von Ärzten und Anatomen zu Forschungszwecken innerhalb der Strafbarkeit sah[259], ergebe, daß der Gesetzgeber selbst die "teleologische Umformung des Gewahrsams" vorgenommen habe.
Deshalb sei die faktische Komponente nicht auf eine rätselhafte Weise verlorengegangen, sondern habe schon keinen Eingang in den Tatbestand gefunden[260].

Dippels Hinweis auf den historischen Gesetzgeber vermag Stentenbach nicht zu überzeugen:
Zwar sei es richtig, daß auch die Wegnahme von Leichen zu Forschungszwecken durch Ärzte oder Anatomen bereits nach dem Vorläufer des § 168 StGB, § 137 Preußisches StGB, strafbar sein sollte. Der Vergleich scheitere aber an der unterschiedlichen gesellschaftlichen Situation im vorigen Jahrhundert und heute.
Im vorigen Jahrhundert seien die Menschen fast ausschließlich zu Hause gestorben, so daß für den historischen Gesetzgeber kein Zweifel daran bestand, daß eine Leiche sich fast ausschließlich im Gewahrsam der Angehörigen befinden würde[261], welcher von Ärzten gebrochen werden könnte.

---

256 Roxin, JuS 76, S. 505.
257 Bockelmann, S. 105.
258 Roxin, JuS 76, S. 505 mit Hinweis auf Geilen; Laubenthal, JA 90, S. 42; im Ergebnis auch Korthals, S. 116.
259 Vgl. § 5, B. II..
260 Dippel, a.a.O.
261 Stentenbach, S. 73 f.

§ 168 StGB sei für ganz andere Sachverhalte konzepiert[262]; die nach dieser Vorschrift bestraft werden sollten, seien die sog. Leichenfledderer auf Friedhöfen[263].

aa) Die Materialien zum § 137 Preußisches StGB

Die Tragfähigkeit der These Dippels ist anhand der Materialien zum Preußischen StGB und zur Entstehung des StGB zu untersuchen.

§ 137 Preußisches StGB:

Satz 1, Alt. 1: "*Wer unbefugt eine Leiche oder einen Theil derselben aus der Gewahrsam dazu berechtigten Personen wegnimmt, ...*"

Satz 2: "*Liegt der Handlung gewinnsüchtige Absicht zum Grunde, so ist zugleich auf zeitige Untersagung der Ausübung der bürgerlichen Ehrenrechte zu erkennen.*"

Zunächst war nach den Entwürfen zum Preußischen StGB die Frage zu klären, ob nicht der Diebstahlstatbestand auf die Entwendung von Leichen anwendbar ist.
Sie wurde bei der Revision von 1845 endgültig verneint, da ein Eigentumsrecht an der Leiche nicht gegeben und "*überhaupt die Entheiligung und die Verletzung des religiösen Friedens ... das überwiegende bei diesem Vergehen*" sei[264].
Daraus folgte auch die Einordnung dieser Alternative in die Religionsdelikte[265].
Fraglich ist, ob die Feststellung der Nichtanwendbarkeit des Diebstahlstatbestandes dazu führte, daß der Gewahrsamsbegriff in § 137 Preußisches StGB eine andere inhaltliche Ausgestaltung erfuhr als der des Diebstahlstatbestandes, § 215 Preußisches StGB, wie Dippel behauptet.

---

262 Schreiber, Internist 74, S. 551, und Klug-FS., S. 346.
263 Wolfslast, MMW 124 (1982), S. 105.
264 Goltdammer Materialien, Teil II, S. 270 f (1.).
265 Goltdammer weist allerdings a.a.O. darauf hin, daß auch im bereinigten Ständischen Ausschuß dagegen Bedenken erhoben wurden, vgl. auch oben, § 2, F..

In der Tat stellte sich die Frage der Strafbarkeit einer "*Wegnahme von Leichen oder von Theilen derselben lediglich zu wissenschaftlichen Zwecken, also durch Ärzte, Anatomen usw.*[266]."

Die "*Wegnahme ohne Einwilligung der Berechtigten*" ("unbefugt") vor dem Hintergrund eines Forschungsinteresses sollte demnach auch ausdrücklich nach Satz 1 strafbar sein[267], was Dippel zum Anlaß für seine These der teleologischen Umformung durch den Gesetzgeber selbst nimmt.

Dabei übersieht Dippel allerdings, daß die Materialien die Konsequenzen einer derartigen Wegnahme darlegen, d.h. eine Wegnahme bereits voraussetzen.

Nicht zu der Frage, wann eine Wegnahme gegeben ist, wurde daher Stellung genommen, sondern zu der Frage, ob die Wegnahme zu Forschungszwecken unter den Tatbestand fällt bzw. eine Berechtigung oder Rechtfertigung darstellt.

Es ging um die Berücksichtigung des im Vergleich zu anders motivierten Wegnahmen geringeren Schuldgehalts. So führte die Bejahung der Strafbarkeit auch zur Einfügung der schärferen Bestrafung "*des Falles gewinnsüchtiger Absicht*" in Satz 2[268]. Der Gedanke der geringeren Schuld wurde vom historischen Gesetzgeber insofern übernommen, daß die unbefugte Wegnahme einzelner Leichenteile zu "*wissenschaftlichen Zwecken durch Studierende oder Ärzte*" nicht mit Gefängnisstrafe sanktioniert werden durfte[269].

Für die Auslegung des Gewahrsamsbegriffes ist damit aus diesem Zitat nichts gewonnen.

Zwar gehen die Materialien bei nicht beerdigten Leichen vom Gewahrsam der jeweiligen Familien aus[270]. Daraus kann allerdings nicht abgeleitet werden, der Gesetzgeber habe sich beim Gewahrsam auf das der Familie zustehende Obhutsrecht stützen wollen. Die Annahme, nicht beerdigte Leichen stünden im Gewahrsam der Familie, ergibt sich aus der historischen Situation, in der die Menschen fast ausschließlich zu Hause, in der Obhut ihrer Familie starben, wie Stentenbach zu Recht feststellt[271].

Das Verständnis des Gewahrsams als faktische Komponente wird auch dadurch deutlich, daß der historische Gesetzgeber bereits Situationen berücksichtigte,

266 Goltdammer Materialien, Teil II, S.271 (4.).
267 Ebenda.
268 Ebenda.
269 Wallberg in Holtzendorff, Handbuch des deutschen Strafrechts, S. 271.
270 Goltdammer Materialien, Teil II, S. 271 (Nr.2).
271 Vgl. Stentenbach a.a.O.

bei denen die Angehörigen keinen Gewahrsam an den nicht beerdigten Leichen hatten:
Wurde nach einer Hinrichtung den Angehörigen der Leichnam nicht zur Bestattung überlassen, so befand sich dieser auch nicht in ihrem Gewahrsam[272].

Die im Vergleich zum Diebstahlstatbestand identische Auslegung des Gewahrsamsbegriffes durch den Gesetzgeber zeigt sich in folgender Überlegung besonders deutlich:
Die Materialien zum Preußischen StGB gehen vom "*Gewahrsam der Totengräber und dergleichen*" bei beerdigten Leichen aus[273]. Bei der Entnahme des Leichnams aus dem Grab durch die Totengräber selbst, wird durch die Aufnahme des Merkmals "aus dem Gewahrsam" in den Tatbestand[274] dieser Fall nicht als von § 137 Preußisches StGB erfaßt gesehen. Vielmehr sollte dieser Fall nach §§ 125 ff Preußisches StGB (Unterschlagung) oder § 324 Preußisches StGB (Unterschlagung amtlich anvertrauter Gelder oder Sachen) zu ahnden sein[275]!
Der Gewahrsam des Totengräbers wird auch vom historischen Gesetzgeber bejaht, eine Bestrafung nach § 168 damit verneint. Zur Bestrafung stehe lediglich ein Amtsvergehen zur Verfügung[276].

bb) Folgerung für Dippels These

Die Materialien zum Preußischen StGB und zum RStGB weisen demnach darauf hin, daß der historische Gesetzgeber bei der Auslegung des Gewahrsamsbegriffes vom Verständnis einer faktischen Komponente geprägt war, die sich als solche nicht von der des Diebstahlstatbestandes unterscheiden sollte.

Dippels These von der teleologischen Umformung des Gewahrsamsbegriffes durch den historischen Gesetzgeber ist daher nicht zu halten.

---

272 Wallberg, a.a.O.
273 Goltdammer Materialien, Teil II, S. 271 (Nr.2).
274 "Aufnahme" deshalb, weil erste Entwürfe die Wegnahmealternative lediglich mit "entnehmen" umschrieben, vgl. Goltdammer Materialien, a.a.O.
275 Goltdammer Materialien, Teil II, S. 271 (Nr.3).
276 Wallberg, a.a.O.

cc) Folgerung für die Auslegung des Gewahrsamsbegriffes in § 168 StGB

Die historische Situation und die Materialien zur Entstehung des Gesetzes weisen auf eine dem Diebstahlstatbestand entsprechende Auslegung des Gewahrsamsbegriffes in § 168 StGB durch den historischen Gesetzgeber hin. Auch kann man zutreffenderweise davon ausgehen, daß "Ärzte und Anatomen"[277] ohne bzw. gegen den Willen der Angehörigen einen Leichnam nur durch heimliche Öffnung eines Grabes erhalten konnten, und zwar gerade weil das Verbleiben der Toten bis zur Beerdigung im Hause der Hinterbliebenen, meist im eigenen Bett, üblich war[278]. Der Schluß scheint demnach nur konsequent, daß der Gesetzgeber mit seiner Gesamtregelung der Störung der Totenruhe alle relevanten Fälle der Verletzung des Rechtsgutes abgedeckt sah, die Regelung heute aber aufgrund der veränderten Verhältnisse dieses nicht mehr zu leisten vermag.

Eine derartige Überlegung greift aber zu kurz. Gerade aufgrund der veränderten gesellschaftlichen Verhältnisse ist der Wille des historischen Gesetzgebers nur ein schwaches Indiz. Es kann sich daraus nur dessen Wertentscheidung ergeben, die bei der Auslegung Richtschnur zu sein hat[279]. Obwohl der Gesetzgeber den Gewahrsamsbegriff in der von großen Teilen der überwiegenden Ansicht interpretierten Weise ausgelegt hat, hilft dies heute nur bedingt weiter. Folgt man nicht der subjektiven Theorie[280], kommt es bei veränderten Verhältnissen nicht darauf an, wie der historische Gesetzgeber den auslegungsbedürftigen Begriff ursprünglich verstanden hat. Vielmehr ist für den Richter der objektivierte Wille des Gesetzes verbindlich[281]:
"*Kein Gesetz verträgt eine starre Begrenzung seiner Anwendbarkeit auf die vom historischen Gesetzgeber ins Auge gefaßte Ausgangslage, denn es ist nicht toter Buchstabe, sondern lebendig sich entwickelnder Geist, der mit den Lebensverhältnissen fortschreiten und ihnen sinnvoll angepaßt weitergelten will, solange dies nicht die Form sprengt, in die er gegossen ist*"[282].

---

277 Vgl. Goltdammer Materialien a.a.O.

278 Insoweit ist Schreiber und Wolfslast a.a.O. sicher zuzustimmen.

279 Vgl. Larenz, S. 315.

280 Zur Entwicklung von der subjektiven zur objektiven Theorie, siehe historisch-kritischer Teil bei Larenz und zu der "Teilwahrheit" beider Ansätze, derselbe, S. 302 ff.

281 Wessels, AT, § 2 II, 2.

282 Wessels, a.a.O. und Maurach/Zipf, AT 1, § 9 II, Rn. 16 unter Berufung auf BGHSt 10, 157, 159.

Demnach ist es bei veränderten Verhältnissen die Aufgabe des Richters und der Wissenschaft herauszufinden, ob ein Begriff soweit auslegbar ist, daß jedes für das Rechtsgut relevante Verhalten davon erfaßt wird, oder ob aufgrund der veränderten Verhältnisse eine Gesetzeslücke aufgetreten ist, deren Ausfüllung durch Erweiterung oder Weiterentwicklung des Rechtssatzes wegen des im Strafrecht geltenden Analogieverbots dem Gesetzgeber vorbehalten bleibt[283].

c) Teleologische Interpretation des Gewahrsamsbegriffes in § 168 StGB durch die "Gegenansicht"

Zu fragen bleibt also, ob sich die Interpretation der "Gegenansicht" im Rahmen der zulässigen Auslegung befindet oder gegen das Analogieverbot verstößt.

Für Sternberg-Lieben überschreitet die Auslegung des "Gewahrsams des Berechtigten" als begriffliche Einheit i.S. einer Obhutsberechtigung nicht die vom Wortlaut gesetzte Grenze jeder Auslegung[284]. Er weist zum Beleg auf die ebenfalls mit normativen Elementen versehene Auslegung des Merkmals "Gewahrsam" bei § 242 StGB hin. Sinn sei dort der optimale Schutz des Rechtsgutes. Sei der Begriff in § 168 StGB ohnehin rechtsnäher und tatferner auszulegen als bei § 242 StGB, so müsse gerade bei § 168 StGB eine das geschützte Rechtsgut zweckentsprechende Auslegung möglich sein. Dies aber werde durch die Auslegung der überwiegenden Ansicht verhindert.

Die nur auf die tatsächliche Zugriffsmöglichkeit auf die Leiche bezogene Auslegung der überwiegenden Ansicht wird auch von anderer Seite kritisiert[285]. Zu fragen bleibt aber dennoch, ob die von von Bubnoff vorgeschlagene Interpretation den zulässigen Rahmen verläßt. Denn es ist zwar durchaus zutreffend, daß jede teleologische Auslegung in erster Linie vom geschützten Rechtsgut her erfolgt, "das damit für die Tatbestandsinterpretation

283 Eine Auseinandersetzung mit den Thesen Sang-Don Yis, die die Wortlautgrenze, da pseudoobjektiv, ablehnen, das Analogieverbot darum zum Argumentationsgebot konkretisieren wollen und deshalb sich über die Wortbedeutung verständigende Richter fordern, kann hier nicht erfolgen, da dies den Rahmen der Arbeit übersteigen würde.

284 Sternberg-Lieben, a.a.O.

285 KG Berlin NJW 90, S. 782; Gribbohm, JuS 71, S. 201 f; wohl auch Roxin, JuS 76, S. 507- insbesondere Fn. 13.

unbestrittenermaßen entscheidenden Einfluß gewinnen kann"[286]. Das Rechtsgut allein kann aber nur bedingt helfen, Aufschluß über die inhaltliche Ausgestaltung zu erhalten. Der objektivierte Wille des Gesetzes kann durchaus zwischen strafbarem und nicht strafbarem rechtsgutsrelevanten Verhalten differenzieren.
Daher käme es bei der Interpretation eines Tatbestandsmerkmales einem Zirkelschluß gleich, durch alleinige Heranziehung des Rechtsgutes der Norm feststellen zu wollen, ob der Tatbestand auch trotz veränderter Verhältnisse das Rechtsgut zu schützen in der Lage ist. Die für die Interpretation vom Wortlaut gesetzte Grenze muß sich aus dem Wortlaut selbst und kann sich nicht aus dem Rechtsgut ergeben.
Auch bei der teleologischen Auslegung erlangt der Wortlaut daher entscheidendes Gewicht[287].

Die Auslegung nach Sinn und Zweck der Norm muß demnach folgende Untersuchungen beinhalten:
Zunächst ist der Begriff selbst auf seinen möglichen Wortsinn hin zu untersuchen[288]. Es ist also zu fragen, welche "Mindestbedeutung" der Begriff Gewahrsam hat. Denn an den Grenzen der möglichen Wortbedeutung endet die Auslegung überhaupt[289].

Danach ist zu untersuchen, welchen Einfluß das zu schützende Rechtsgut des Straftatbestandes auf den Inhalt des Begriffes haben muß, um den Zweck der Strafnorm zu gewährleisten, ohne dabei über die mögliche Wortlautgrenze hinauszugehen[290].

aa) Die Mindestanforderung an den Gewahrsamsbegriff

Die Grenze des Wortsinnes eines Begriffs muß sich aus dessen Grundgedanken ergeben.

---

286 Roxin, JuS 76, S. 506 zu der anderen Frage, inwieweit das geschützte Rechtsgut in den Tatbestand Eingang gefunden hat.

287 Larenz, S. 308, unter Hinweis auf den "hermeneutischen Zirkel".

288 Dies kann allerdings nicht im Sinne eines "Gesetzesformalismusses" verstanden werden, wie Schmidhäuser ihn in der Schrift "Form und Gehalt der Strafgesetze" kritisiert, vgl. S. 17. Auch eine von ihm auf S. 49 geforderte "relative Bestimmtheit" des Gesetzes kann sich nur aus dem im Wortlaut materialisierten Gehalt ergeben!

289 Maurach/Zipf, AT 1, § 9 II, Rn. 22.

290 Zur gegenseitigen Bedingung der teleologischen und der grammatischen Auslegung vgl. auch Maurach/Zipf, AT 1, § 9 II, Rn. 15 ff, insbesondere Rn. 15 und Rn. 21 f.

Der Begriff Gewahrsam geht auf die altdeutsche "Gewere" zurück[291]. So wurde die Diebstahlshandlung historisch als die "*heimliche Wegnahme fremder Habe aus fremder Gewere*" bezeichnet[292].
Die Grundidee des Wortes Gewere ist die des "*Schutzes, der Verteidigung, Sicherung*"[293]. Im juristisch relevanten Sinne ist der Gewerebegriff dabei entsprechend dem Besitzbegriff zu sehen[294]. Besitzer ist danach jeder, "*der, welche Eigenschaften er auch sonst haben mag, mit dem faktischen Innehaben der Sache verbunden ist*[295]."

Im ältesten deutschen Strafrecht wurde das Merkmal des Eingriffs in die fremde Gewere als "*Verletzung des besonderen Friedens ..., welcher dem Manne innerhalb der Grenzen seines häuslichen Besitztums zukömmt*" definiert[296]. Durch die "Grenzen des häuslichen Besitztums" ist das "faktische Innehaben" damit auch der Grundgedanke des strafrechtlichen Gewahrsamsbegriffes.
Ein zivilrechtlicher Einfluß wurde nur insofern festgestellt, daß "*nicht allein die unmittelbare Detention, sondern auch die Fähigkeit, jeden Augenblick diese Detention auszuüben oder zu reproduciren*" vom Gewahrsamsbegriff umfaßt werden sollte[297].
Das Recht zum Besitz allein kann aber nicht den Gewahrsam an einer Sache begründen[298].

Als Mindestanforderung an den Gewahrsam wurde eine "*unmittelbare praktische Beziehung zur Sache*" verlangt, die allerdings nicht identisch mit einer faktischen Herrschafts-beziehung sein mußte[299].

291 Vgl. Welzel, GA 60, S. 269.
292 Adolf Merkel in Holtzendorf, Handbuch des deutschen Strafrechts, S. 624.
293 W.E. Albrecht, S. 1.
294 Derselbe, S. 2.
295 Derselbe, S. 3.
296 Adolf Merkel, a.a.O., S. 625.
297 Goltdammer Materialien, Teil II, S. 459.
298 Derselbe, a.a.O., S. 460.
299 Adolf Merkel, a.a.O., S. 638; lediglich auf physische Macht abstellend, der Gewahrsamsbegriff im A.L.R., vgl. A.L.R. Teil I, Titel 7, § 1: "Wer das physische Vermögen hat, über eine Sache mit Ausschließung Anderer zu verfügen, der hat sie in seinem Gewahrsam und wird Inhaber derselben genannt", vgl. Rehbein/Reincke, S. 257; sich davon zu distanzieren, war gerade der Grund, bereits im Preußischen StGB den Begriff "Gewahrsam" nicht in den Tatbestand des Diebstahls aufzunehmen, vgl. Goltdammer Materialien, Teil II, S. 459.

Das Merkmal "Gewahrsam" bringt demnach eine faktische Beziehung eines Objekts zu einem Menschen zum Ausdruck[300].

bb) Zulässige Berücksichtigung des Rechtsgutes bei der Auslegung des Tatbestandsmerkmales "Gewahrsam" durch die "Gegenansicht"?

Zu fragen ist nun, ob die Berücksichtigung des Rechtsgutes durch die Gegenansicht die vom Wortlaut gesetzte Grenze, wie Sternberg-Lieben es sieht[301], eingehalten hat.

Festgestellt wurde, daß ein auslegungsbedürftiger Begriff einer den veränderten Verhältnissen angepaßten Deutung zugänglich sein muß[302]. Die Deutung aber darf den Charakter des Tatbestandsmerkmales nicht völlig entstellen. Sie muß den Eigenarten des Tatbestandes gerecht werden, ohne dabei den Tatbestand selbst zu verändern, indem sie den möglichen Wortsinn ignoriert[303].

Wie gezeigt, findet der mögliche Wortsinn des Merkmales "Gewahrsam" seine Grenze in einer irgendwie gearteten faktischen Beziehung eines Objektes zu einem Menschen.
Die Grenze zur unzulässigen Analogie ist aber überschritten, wenn eine faktische Beziehung in den Anspruch auf dieselbe umgedeutet wird, denn dieses "sprengt die Form, in die der Wortlaut gegossen ist[304].
Identifiziert man das Obhutsverhältnis mit dem Recht zur Ausgestaltung der Obhut, so legt man den Begriff nicht aus, sondern deutet ihn um und verändert damit den Charakter des Tatbestandes.

cc) Zwischenergebnis

Der überwiegenden Ansicht ist also insoweit zu folgen, als daß der Gewahrsamsbruch bei der Entnahme von Leichenteilen aus sich in der Klinik befindenden Leichen durch Ärzte nicht mit der Antastung des Obhutsrechts

300 Dem zustimmend, Gössel, ZStW 85, S. 617.
301 Vgl. § 5, B. III. 2. c).
302 Vgl. § 5, B. III. 2. b) cc).
303 Vgl. Larenz, S. 309; Maurach/Zipf, AT 1, § 9 II, Rn. 12.
304 Vgl. BGHSt 10, 157, 159; in diesem Sinne ist OLG München, NJW 76, S. 1805, 1806 zuzustimmen.

der Angehörigen begründet werden kann. Insofern verstößt die sog. "Gegenansicht" gegen das Analogieverbot.

3. Sachgerechte Rechtsgutsberücksichtigung bei der Tatbestandsmerkmalinterpretation durch die überwiegende Ansicht ?

Die Interpretation eines Tatbestandsmerkmales geht allerdings ebenso fehl, wenn sie das zu schützende Rechtsgut unzureichend berücksichtigt, da sie so den "objektivierten Willen des Gesetzgebers" nicht adäquat erfaßt[305].
Es ist also zu überprüfen, ob die überwiegende Ansicht eine überzeugende Interpretation bietet, die auch das zu schützende Rechtsgut hinreichend berücksichtigt.

a) Anforderungen an die faktische Komponente

Die überwiegende Ansicht will dem Erfordernis der faktischen Komponente dadurch gerecht werden, daß sie das Leitprinzip der Gewahrsamsinterpretation bei § 242 StGB, das "Sach-herrschaftsverhältnis", für die Interpretation des Gewahrsams-begriffs in § 168 StGB übernimmt.
Da der Begriff "Sachherrschaftsverhältnis" unpassend erscheint, erfolgt eine Parallelisierung des Inhalts insoweit, daß es sich bei dem Gewahrsam i.S. des § 168 StGB um das Obhutsverhältnis zwischen dem Verstorbenen und einem Lebenden handeln, welches sich durch das faktische Moment der tatsächlichen Zugriffsmöglichkeit manifestieren soll.

Dabei besteht diese Ansicht aber lediglich auf der Notwendigkeit eines faktischen Moments in Form eines tatsächlichen Obhutsverhältnisses, ohne den Obhutsbegriff mit Bezug auf die tatsächliche Situation näher auszufüllen.
Sieht man sich die Erwägungen zu diesem Obhutsbegriff in den einzelnen Begründungen an, muß man feststellen, daß die Ansicht schlicht den Begriff des "Sachherrschaftsverhältnisses" durch den des "Obhutsverhältnisses"

305 Vgl. BGHSt 10, 157, 159; darüber hinaus würde dies in der Tat einen Formalismus bedeuten, der an der Realität vorbeigeht, wie Schmidhäuser dies, freilich mit anderer Intention, kritisiert hat, vgl. Form und Gehalt der Strafgesetze, S. 17.

austauscht, ohne aber dadurch die behauptete dem Rechtsgut angepaßte inhaltliche Veränderung vorzunehmen[306].
Insofern ist der Gewahrsam an der Leiche hiernach nichts anderes als die tatsächliche Einwirkungs- oder Fortbewegungsmöglichkeit.

Die ebenso von dieser Ansicht geforderte "rechtsnähere und tatfernere" Auslegung des Gewahrsamsbegriffes hat Konsequenzen nur nach Gewahrsamserlangung bei der Frage des Gewahrsamsverlustes[307].
Stellt man bei der Frage der Gewahrsams- bzw. Mitgewahrsamserlangung durch die Berechtigten an den in Kliniken befindlichen Leichen auf den Willen des faktisch Zugriffsbefähigten ab, folgt daraus eine in der Konsequenz wesentlich rechtsfernere und tatnähere Auslegung des Begriffes:
Normative Erwägungen, wie sie sich zum Schutz des Eigentums bei § 242 StGB entwickelt haben, werden an dieser Stelle nicht vorgenommen. Eine solche Interpretation steht aber in krassem Widerspruch zu der Tatsache, daß das Rechtsgut gerade dann des Schutzes bedarf, wenn die Angehörigen eine unmittelbare "Sachherrschaft" über den Leichnam nicht haben[308].

Eine Gefahr für das Rechtsgut durch Leichenteilentnahmen ist heute bereits deshalb ungleich höher als zur Zeit der Entstehung des Gesetzes, weil sie gerade von den Zugriffsbefähigten im Regelfall ausgeht oder von ihnen zumindest gebilligt wird. Da es aber keine dem § 246 StGB entsprechende Tatbestandsalternative im § 168 StGB gibt, könnte allein der im Wege objektiver Auslegung zu ermittelnde Sinn und Zweck der Norm eine im Vergleich zu den Eigentumsdelikten weitergehendere normative Auslegung des Gewahrsamsbegriffes verlangen[309].

Es erscheint weiterhin mehr als fraglich, ob das Rechtsgut des § 168 StGB adäquat berücksichtigt wird, wenn man, wie die überwiegende Ansicht, den konkreten Inhalt des Gewahrsams bei § 242 StGB als "Verfügungsmöglichkeit über eine Sache" einfach auf den Inhalt des Gewahrsams bei § 168 StGB im Sinne einer "Verfügungsmöglichkeit über einen Leichnam" überträgt, ohne das Interesse am jeweiligen Tatobjekt mit in die Erwägung einzubeziehen.

306 Insbesondere Korthals, S. 114 f, der zuerst ausdrücklich auf die rechtsnähere Interpretation eingeht, um daraufhin in seiner Untersuchung nur noch auf das Herrschaftsverhältnis zu starren. Dies wird auch von Steffen, S. 112, zutreffend kritisiert.

307 Geilen bzgl. Leichenhalle, JZ 75, S. 381; Laubenthal im Vergleich zum Grabschmuck, an dem anders als bei der Leiche der Gewahrsam verloren geht; JA 90, S. 43.

308 Vgl. Roxin, JuS 76, S. 506, zur anderen Frage des Gewahrsamsverlustes durch Weggabe der Leiche durch Angehörige.

309 So KG Berlin, NJW 90, S. 783; Gribbohm, JuS 71, S. 201.

b) Die als solche unerkannte "dritte Ansicht"

Dies erkennt eine weitere, bisher im wesentlichen irrtümlich der überwiegenden Ansicht zugeordneten Meinung[310].
Sie verneint die Möglichkeit der Übernahme der inhaltlichen Ausgestaltung des Gewahrsamsbegriffes der Eigentumsdelikte aufgrund der wesentlich unterschiedlichen Qualität der zu schützenden Rechtsgüter[311].
Nach dieser Ansicht geht es bei der Bezeichnung des Gewahrsams als Obhut an der Leiche nicht nur um eine Umbenennung des in Bezug auf die Leiche unpassenden Begriffes "Herrschaftsverhältnis", sondern um eine der Norm und dessen Rechtsgut angepaßten inhaltlichen Ausfüllung. Sie erkennt zwar den Charakter des Gewahrsamsbegriffes als faktisches Moment. Die Obhut werde heute aber nicht durch höchstpersönlichen Schutz ausgeübt, sondern durch Anweisungen an andere, um die Leiche nach den Vorstellungen des Verstorbenen oder, falls diese nicht bekannt sind, der Angehörigen zu behandeln und zu beerdigen. Diese Obhut, die durchaus eine faktische Beziehung darstelle, sei also von der tatsächlichen Zugriffsmöglichkeit auf den Leichnam völlig unabhängig[312].

Wenn die faktische Zugriffsmöglichkeit irrelevant für die Frage der "tatsächlichen Obhut" sei, so könne die Begründung dieser Obhut durch die Angehörigen nicht vom Willen des Zugriffsbefähigten abhängen. Vielmehr hänge dann die Begründung des Obhutsverhältnisses von der Kenntnis der Angehörigen um das Versterben und von ihrem Willen, die Obhut zu übernehmen, ab[313].

---

310 Die Zuordnung zur überwiegenden Ansicht ist dadurch zu erklären, daß sie in den in der Praxis relevantesten Fällen, in denen die Angehörigen nichts vom Schicksal des Verstorbenen wissen, ebenso zu einer Verneinung des Gewahrsams der Angehörigen gelangt, allerdings teilweise mit Kritik an der überwiegenden Ansicht und mit einer wesentlich anderen Begründung. Die Vertreter erscheinen demnach in der Literatur hauptsächlich bei der Feststellung, daß die von von Bubnoff geprägte Ansicht gegen das Analogieverbot verstößt.

311 Otto, Jura 92, S. 667; Gribbohm, a.a.O.; Tröndle, § 168, Rn. 3; dem insoweit zustimmend KG Berlin, a.a.O.; wohl insoweit auch Roxin, a.a.O.

312 Meines Erachtens hat auch von Bubnoff in dem genannten Aufsatz lediglich die Faktizität einer tatsächlich ausgeübten Obhut betont und deren Unabhängigkeit von einer Zugriffsmöglichkeit auf den Leichnam festgestellt. Insoweit ist Steffen, S. 113 f, zuzustimmen. Die Gleichsetzung der Obhutsausübung mit dem Obhutsrecht dürfte erst durch die sich auf von Bubnoff stützende Literatur erfolgt sein.

313 Otto, GKBT, § 64, 5, a, bb, Jura 92, S. 668; Gribbohm, JuS 71, S. 201 f; Lackner, § 168, Rn. 3; wohl auch Tröndle, § 168, Rn. 3; aus der Begründung ist zu entnehmen, daß dem auch KG Berlin, NJW 90, S. 782 ff zustimmt; ebenso wohl Roxin, JuS 76, S. 506 f, der erst mit Fehlen der Kenntnis der Angehörigen vom Tod ausdrücklich eine tatsächliche Obhut verneint. Steffen, S. 114 ff und S. 130 ff, ordnet sich irrtümlich der "Gegenansicht" zu, da er den Gewahrsamsbegriff von der Berechtigung als Synonym für das Totenfürsorgerecht her ableitet. Das Ergebnis seiner Untersuchung entspricht aber der hier dargestellten

Diese Interpretation ist wesentlich sachgerechter. Sie legt die Frage der Begründung des Gewahrsamsverhältnisses in die Hände derer, die den Schutz des Rechtsgutes personifizieren. Desweiteren erkennt sie, daß auch ein nicht höchstpersönliches Verhältnis ein faktisches sein kann[314].

Die einheitliche Interpretation des Wegnahmebegriffes bei § 242 StGB und § 168 StGB, die sich daraus ergebende Auslegung des Gewahrsamsverhältnisses von in Kliniken befindlichen Leichen und damit die Interpretation des Gewahrsamsbegriffes in § 168 StGB überhaupt kann nicht überzeugen, da sie zu sachwidrigen, weil an einem sinnvollen Schutz des zu schützenden Rechtsgutes vorbeiführenden, Ergebnissen gelangt[315].
Wer also bei der Gewahrsamserlangung der Angehörigen derart weitgehende Voraussetzungen verlangt, wie die überwiegende Ansicht, legt den Gewahrsamsbegriff einschränkend aus, obwohl aufgrund der vom KG Berlin beschriebenen Gefahren für das Rechtsgut heute umsoweniger Gründe dafür gegeben sind[316].

c) Geilens Berücksichtigung des Rechtsgutes durch die erweiterte Auslegung zur Verhinderung des Gewahrsamsverlustes

Geilen will das Rechtsgut des § 168 StGB dadurch hinreichend berücksichtigt haben, daß er eine von der tatsächlichen Zugriffsmöglichkeit unabhängige Auslegung des Gewahrsams den Angehörigen bei der Frage des Gewahrsamsverlustes zugesteht[317].

Wenn der Gewahrsam aber unter Berücksichtigung der Bestattungssitten in einem mittelbar ausgeübten Obhutsverhältnis gesehen werden kann, das unabhängig vom Willen des tatsächlich Zugriffsbefähigten steht, muß dies Auswirkungen auch auf die Frage der Gewahrsamsbegründung haben. Eine

Ansicht, wobei er den Willen zur Obhut lediglich durch die Kenntnis von der eigenen Totenfürsorgeberechtigung ersetzt.

314 Vgl. auch Welzel, GA 60, S. 264 ff zum Gewahrsamsbegriff beim Diebstahl.
315 Vgl. Otto, Jura 92, S. 666.
316 KG Berlin, a.a.O.
317 Vgl. oben, § 5, B. I. a.E..

normative Interpretation kann nicht soweit gehen, daß sie das entscheidende Merkmal gänzlich für unbeachtlich hält[318].
Entweder ist also Geilens Ansatz bei der Frage des Gewahrsams in Leichenhallen zu weitgehend oder bei der Gewahrsamssituation innerhalb der Klinik zu eng.

Wenn das Bestehenbleiben der tatsächlichen Obhut unabhängig von der Zugriffsbefähigung auf die Leiche ist, so kann die Zugriffsbefähigung bei der Gewahrsamserlangung kein entscheidendes Kriterium darstellen. Geilen selbst weist auf diesen Widerspruch hin, indem er auf den Schutz der einzelnen Stadien der Totensorge als Kriterium für die Auslegung des Gewahrsamsbegriffes abstellt:
Wenn die meisten Menschen heute nicht mehr zu Hause sterben, sondern im Altersheim oder in der Klinik, warum ist dieser Ort dann nicht die erste Station auf dem Weg zur Beerdigung und somit ein Stadium der Totensorge? Wird die Leiche nach Versterben im eigenen Bett von den Angehörigen in die Klinik gebracht, so wird die Klinik als Stadium der Totensorge noch augenfälliger[319].

d) Zwischenergebnis

Diese Erwägungen zeigen, daß die überwiegende Ansicht an ihrer eigenen Forderung nach einer in Bezug auf § 242 StGB rechtsnäheren und tatferneren Auslegung des Gewahrsamsbegriffes zur Berücksichtigung des Rechtsgutes des § 168 StGB scheitert und die Einräumung normativer Kriterien nur in Bezug auf die Frage des Gewahrsamsverlustes ohne Konsequenzen für das Problem der Gewahrsamsbegründung zu kaum vertretbaren Widersprüchen führt.

Eine sachgerechte Interpretation des Gewahrsamsbegriffes in § 168 StGB ist durch die überwiegende Ansicht somit nicht erfolgt.

4. Eigener Ansatz

318 Insofern wäre Bockelmanns Kritikpunkt eines verschieden definierten Tatbestandsmerkmals in ein und derselben Norm hier angebrachter als gegenüber der "Gegenansicht".

319 Die von Geilen erweiterte Interpretation ist insbesondere auch deshalb unsachgerecht, weil sie die praktisch gefährlichste Situation für das Rechtsgut nicht tangiert und sich aus seiner Sicht normativ weit vorwagt, wo kaum ein Rechtsgutsangriff zu erwarten ist, dies aber damit rechtfertigt, daß so eine weitere Aushöhlung des Schutzes vermieden werden soll!

a) Rechtssicherheit und sachgerechte Berück-sichtigung des Rechtsgutes durch Feststellung der Funktion des Tatbestandsmerkmales "Gewahrsam" für den Tatbestand

Die "dritte Ansicht" hat die Unabhängigkeit des Gewahrsams des Berechtigten i.S.d. § 168 StGB von der faktischen Zugriffs-möglichkeit und somit vom Willen des tatsächlich Zugriffsbefähigten einleuchtend dargelegt.
Weist diese Ansicht die Unzulänglichkeit einer inhaltlichen Übernahme des Gewahrsamsbegriffes aus den Eigentumsdelikten nach, so vermag dies allein allerdings nicht ausreichend die von ihr dargestellte Interpretation bezüglich der Voraussetzungen für die Begründung des Gewahrsams der Angehörigen zu belegen.
Eine zwingende dogmatische Begründung, warum es sich bei dem Gewahrsam des Berechtigten um das tatsächliche Obhutsverhältnis in der dargestellten Form handelt, hat sie nicht gegeben. Steffens Versuch einer dogmatischen Begründung[320] ist bereits im Ansatz verfehlt, da er als Rechtsgut des § 168 StGB das Totenfürsorgerecht betrachtet und davon ausgehend die Gewahrsamsdefinition herleitet. Das Totenfürsorgerecht aber dient dem Schutz desselben Rechtsguts, wie § 168 StGB, nämlich der Pietät[321].

Kann in Hinblick auf die inhaltliche Ausgestaltung des Tatbestandsmerkmales keine sachgerechte rechtsgutsberück-sichtigende Parallelisierung erreicht werden, so ist doch festzustellen, daß aus Gründen der Rechtssicherheit und -klarheit die Interpretation eines Begriffes nicht willkürlich erfolgen darf. Vielmehr muß ein Begriff eine bestimmte Interpretation zwangsläufig nachsichziehen[322]. Um ein rechtliches Verfahren zu gewährleisten muß die Auslegung sich als die "Konkretion eines generellen Rechtsgedankens darstellen"[323].

Wird der gleiche Begriff in verschiedenen Tatbeständen desselben Gesetzes verwendet, so erscheint der völlige Verzicht auf jedwede Parallelisierung unsachgemäß. Zu fragen ist aber, nach welchem Gesichtspunkt eine Parallelisierung erfolgen kann.

---

320 Steffen, S. 120 ff.
321 Vgl. oben, § 3, C..
322 Zu den Problemen einer Auslegung diesseits der Analogiegrenze, vgl. Schmidhäuser, AT, 5/38 ff, insbesondere Rn. 42 f.
323 Welzel, GA 60, S. 264.

Bei einem Straftatbestand ist das Rechtsgut für die Interpretation eines verwendeten Begriffes entscheidend, wobei aber, wie bereits erörtert[324], erst die Beziehung zwischen Tatbestandsmerkmal und Rechtsgut den Inhalt des Merkmals konkretisiert.
Die auf den Tatbestand ausgerichtete inhaltliche Ausgestaltung eines Tatbestandsmerkmales hängt also vernünftigerweise davon ab, welche Funktion dieser Begriff im Tatbestand übernimmt, um den Schutz des Rechtsgutes dieser Norm zu gewährleisten.

Wird derselbe Wortlaut in verschiedenen Normen verwendet, kann aufgrund der nichtidentischen Rechtsgüter der Inhalt des Begriffs unterschiedlich sein; es wäre aber ohne Sinn, die durch seinen Wortlaut ausgedrückte Funktion für den jeweiligen Tatbestand zu verändern.
Eine Parallelisierung der verwendeten Begriffe ist demnach auch bei unterschiedlichen zu schützenden Rechtsgütern über die identische Funktion des Begriffes im Tatbestand möglich.
Dies heißt für den hier zu untersuchenden Fall, daß die Erkenntnisse zur Funktion des Gewahrsamsbegriffes bei den Eigentumsdelikten, die die inhaltliche Ausgestaltung des Begriffes bestimmt, Rückschlüsse auf die Funktion des Gewahrsamsbegriffes des § 168 StGB und damit auf dessen von seiner Funktion abhängigen inhaltlichen Ausgestaltung zuläßt[325].

Da die Funktion des Gewahrsamsbegriffes auch bei § 242 StGB nicht ausdrücklich dargelegt ist, sie sich vielmehr aus dessen inhaltlicher Ausgestaltung ergeben soll, könnte der Einwand eines Zirkelschlusses erhoben werden. Dieser wäre allerdings nicht zutreffend. Da es sich um eine zwingende Ableitung der Definition aus der Funktion des Begriffes im Tatbestand für das jeweilige Rechtsgut handelt, kann man jede Seite von der anderen ableiten.
Die inhaltliche Ausgestaltung des Gewahrsamsbegriffes in den Eigentumsdelikten ist erheblich weitgehender untersucht worden als die des § 168 StGB. Rückschlüsse auf die hinter dem Wortlaut stehende Funktion sind daher bei § 242 StGB wesentlich fundierter zu erhalten, als es bei § 168 StGB möglich wäre.

---

324 Siehe § 5, B. III. 2. c).

325 Auch Steffen, S. 122 ff und S. 126 ff versucht eine Parallelisierung zu den Eigentumsdelikten zu erreichen. Er verfolgt allerdings eine inhaltliche Parallelisierung, ohne zu erkennen, daß sein Ergebnis zu den wesentlich unterschiedlichen Rechtsgütern der Normen eine solche gerade ausschließt.

aa) Die Funktion des Gewahrsamsbegriffes in §§ 242, 246 a. F. StGB

In § 242 StGB wird der Begriff des Gewahrsams nicht verwendet. Es ist aber allgemeine Meinung, daß der Begriff der Wegnahme den Gewahrsamsbegriff zwingend in sich trägt[326].

Wegnehmen bedeute, daß die Verfügungsgewalt einer Person über eine Sache[327] gebrochen und eine neue Verfügungsgewalt begründet werde[328]. Dieses Herrschaftsverhältnis über eine Sache bezeichne man als Gewahrsam.

In diesem Sinn war auch der Gewahrsamsbegriff in § 246 StGB a. F. zu verstehen[329].

(1) Die Definitionen des Gewahrsamsbegriffes in §§ 242, 246 a. F. StGB

Die Definition des Gewahrsams ist allerdings umstritten.

Nach dem herkömmlichen Verständnis ist Gewahrsam ein tatsächliches Herrschaftsverhältnis zwischen einer Person und einer Sache, das von einem Herrschaftswillen getragen wird[330]. Zur Bejahung dieses Herrschaftsverhältnisses wird grundsätzlich auf die enge räumliche Beziehung zwischen Mensch und Sache abgestellt, d.h. auf eine jederzeit ausübbare tatsächliche Verfügungsmacht[331].

Der Sachherrschaftswille sei dabei im Sinne eines natürlichen Beherrschungswillens, der allein auf die tatsächliche Willensbetätigungsmöglichkeit abstellt, also unabhängig von Mündigkeit oder Geschäftsfähigkeit ist, zu verstehen[332].

---

326 Vgl. Welzel, GA 60, S. 264; Sch/Sch-Eser, § 242, Rn. 22; SK-Samson, § 242, Rn. 17.

327 Nicht im Sinne des rechtlichen Dürfens, sondern des faktischen Verfügen-Könnens; LK[11]-Ruß, § 242, Rn. 18; Sch/Sch-Eser, § 242, Rn. 25.

328 LK-Ruß[11], § 242, Rn. 17 in Bezug auf RGSt 60, 271.

329 LK-Ruß[11], a.a.O. Das 6. StRG hat § 246 StGB neu gefaßt. Dabei wurde auf die Begriffe "Gewahrsam" und "Besitz" verzichtet. Der Gesetzgeber hat sich daher i.S.d. sog. großen berichtigenden Auslegung entschieden, die § 246 StGB a. F. als schlecht formulierte Abgrenzung zu § 242 StGB sah und alle Zueignungen ohne Gewahrsamsbruch nach § 246 StGB a. F. bestrafen wollte, unabhängig davon, wann der Täter Gewahrsam an der Sache erlangt hatte. Mit der Formulierung in § 246 StGB n. F.: "Wer eine fremde bewegliche Sache sich oder einen Dritten rechtswidrig zueignet" ist die Strafbarkeit nunmehr unabhängig vom Zeitpunkt der Gewahrsamserlangung unstreitig gegeben. Für die hier zu untersuchende Problematik kommt es auf das Verständnis des Gewahrsamsbegriffs nach § 246 StGB a. F. an, so daß auch nur hierauf eingegangen wird.

330 Für viele Sch/Sch-Eser, § 242, Rn. 23; Otto, Jura 92, S. 666.

331 Sch/Sch-Eser, § 242, Rn. 25.

332 Sch/Sch-Eser, § 242, Rn. 29.

Inwieweit die Möglichkeit der bzw. der Wille zur Ausübung der Sachherrschaft gegeben sei, entschieden die "Anschauungen des täglichen Lebens", so daß der Gewahrsamsbegriff wesentlich durch die Verkehrsauffassung bestimmt sei[333].

Dies äußert sich bezüglich der Herrschaftsmacht darin, daß der Gewahrsam nicht ausgeschlossen sein muß, wenn eine unmittelbare Einwirkungsmöglichkeit nicht gegeben, andererseits aber auch verneint werden kann, obwohl die Einwirkungsmöglichkeit uneingeschränkt vorhanden ist[334].

Zur ersten Gruppe, der sog. "Gewahrsamslockerung", gehören z.B. die klassischen Fälle des bestehenbleibenden Gewahrsams des Bauers an den auf dem Feld zurückgelassenen Gerätschaften[335], oder des Gewahrsams an der Wohnung einschließlich des Inventars auch bei Verreisen des Inhabers[336].

Ebenso bleibt der Gewahrsam des Halters eines auf der Straße geparkten Wagens erhalten, selbst wenn er den Fahrzeugschlüssel verloren hat oder sich in einer anderen Stadt aufhält[337].

Auch bei außerhalb fremder Herrschaftsbereiche vergessenen Sachen, kann der Gewahrsam fortbestehen, sofern der Lageort bekannt ist und die Sache ohne wesentliche Hindernisse zurückerlangt werden kann. Verlorene Sachen werden dagegen gewahrsamslos.

Werden die Sachen innerhalb eines fremden Herrschaftsbereiches vergessen oder verloren, so haben die jeweiligen Personen dieses Herrschaftsbereiches Gewahrsam an den Sachen[338].

Zu den Fällen des Gewahrsamsausschlusses trotz unmittelbarer Einwirkungsmöglichkeit gehört im wesentlichen die Nutzung von Sachen im Rahmen sozialer Abhängigkeitsverhältnisse, z.B. die Nutzung der vom Arbeitgeber gestellten Arbeitsgeräte durch den Arbeitnehmer. Hier behält der Arbeitgeber in der Regel den Gewahrsam, zumindest aber übergeordneten Mitgewahrsam[339].

---

333 BGHSt 16, 271, 273; Otto, a.a.O.

334 Vgl. Sch/Sch- Eser, § 242, Rn. 25 ff; LK-Ruß[11], § 242, Rn. 19 ff.

335 BGHSt 10, 271, 273; Adolf Merkel, a.a.O., S. 639.

336 LK-Ruß[11], § 242, Rn. 20.

337 Vgl. BGH VRS 62, S. 274.

338 Vgl. Sch/Sch-Eser, § 242, Rn. 28 m.w.N..

339 Zum Streit vgl. Sch/Sch-Eser, § 242, Rn. 27; für Alleingewahrsam bereits Adolf Merkel, a.a.O., S. 638 f.

Entsprechendes gilt für den Herrschaftswillen, der trotz aktuellen Fehlens durch den sog. "generellen" oder "potentiellen" Gewahrsamswillen bzw. durch den "antizipierten Sacherlan-gungswillen" als vorhanden betrachtet wird[340].
Der generelle Gewahrsamswille wird an den Sachen angenommen, die sich in einem bestimmten räumlichen Herrschaftsbereich befinden, ohne daß das Vorhandensein einer bestimmten Sache dem Betreffenden konkret bewußt sein muß.
Ein potentieller Gewahrsamswille wird bejaht, wenn davon auszugehen ist, daß der Betreffende bei Eingriff von Außen den Willen zur Herrschaft bekräftigen würde.
Ein antizipierter Sacherlangungswille ist gegeben, wenn Sachen in den Herrschaftsbereich des Betreffenden gelangen, von denen auszugehen ist, daß er bei Kenntnis den Willen hätte, über sie verfügen zu können[341].

Demgegenüber vertritt eine andere Ansicht die These, daß die "Anschauungen des täglichen Lebens" nicht als Mittel zur Begründung der Sachherrschaft bzw. des Herrschaftswillens fungieren, sondern als wesentliches Gewahrsamselement zu sehen sind.
Gewahrsam ist danach eine normative Beziehung zwischen Person und Sache, also eine "in der sozialen Anschauung begründete und daher vor dem Gesetz existente Zuordnung der Sache zu einer bestimmten Person[342]."

Innerhalb eines bestimmten Bereiches werde einer Person durch die soziale Anschauung die Verfügungsmöglichkeit über Sachen derart zugeordnet, daß eine Störung dieser Verfügungsmöglichkeit als ein Eindringen in einen Tabubereich verstanden werde[343].
Der Tabubereich, also der räumliche Bereich, in dem die Person -von der Gemeinschaft respektiert- ihre Herrschaft über Sachen betätigen kann, wird entweder mit "Gewahrsamssphäre"[344] oder mit "Persönlichkeitssphäre"[345] umschrieben.
Ein Indiz unter vielen für das Vorhandensein einer Zuordnung sei dabei die tatsächliche Sachherrschaft oder der natürliche Herrschaftswille[346].

340 Sch/Sch-Eser, § 242, Rn. 30 ff; LK-Ruß[11], § 242, Rn. 22 ff.
341 Vgl. zu dem Komplex Eser und Ruß, a.a.O..
342 SK-Samson, § 242, Rn. 20; Schmidhäuser BT, 8/19; Welzel, GA 60, S. 264 ff; Gössel, ZStW 85, S. 617 ff; Bittner, JuS 74, S. 157 ff.
343 SK-Samson, a.a.O..
344 Welzel, a.a.O., S. 267.
345 Gössel, a.a.O., S. 619 ff.
346 SK-Samson, § 242, Rn. 23; Gössel, a.a.O., sieht die "Persönlichkeitssphäre" als eigenständiges Element neben Sachherrschaft und Herrschaftswillen; entsprechend

(2) Die der Definition zugrundeliegende Funktion

Eser sieht, aufgrund der im Einzelfall identischen Ergebnisse der beiden Ansichten, den Streit im wesentlichen als eine Frage der Terminologie[347].
Dem kann nicht zugestimmt werden. Für die inhaltliche Ausgestaltung des Gewahrsamsbegriffes ist es ein wesentlicher Unterschied, ob das zu verlangende faktische Element in der tatsächlichen Sachherrschaft zu sehen ist und durch die Anschauungen des täglichen Lebens festgestellt wird, oder ob die soziale Zuordnung der Sache zu einem Menschen, die völlig unabhängig von der Frage der tatsächlichen Sachherrschaft erfolgen kann, die Faktizität begründet.
Wenn die beiden Ansichten dennoch im Einzelfall, insbesondere in den Fällen kollidierender "Gewahrsamssphären"[348], zu im wesentlichen gleichen Ergebnissen gelangen, so ist dies nur dadurch zu erklären, daß dem Gewahrsamsbegriff im Diebstahlstatbestand von beiden Ansichten dieselbe Aufgabe oder besser: Funktion zugrunde gelegt wird. Diese Funktion gilt es zu benennen.

(a) Die Beziehung zwischen Person und Sache

Der Gewahrsamsbegriff im Zusammenhang mit dem Wegnahmebegriff dient zunächst der Unterscheidung zwischen Unterschlagung und Diebstahl[349].
Warum aber ist diese Unterscheidung so wichtig?[350]
Eine denkbare Antwort wäre, daß § 242 StGB über das -ebenfalls durch § 246 StGB a. F. geschützte- Eigentum hinaus auch den Gewahrsam selbst schützen soll, Verletzter neben dem Eigentümer daher auch der Gewahrsamsinhaber sein könne, wie der Diebstahl gegenüber einen Dieb gerade belege[351].

Dem muß aber entgegengehalten werden, daß nicht jede Wegnahme zur Bejahung des Diebstahlstatbestandes führt:

Laubenthal, JA 90, S. 39; die Sachherrschaft und den Herrschaftswillen grundsätzlich als Kriterium ablehnend, Seelmann, JuS 85, S. 202.

347 Sch/Sch-Eser, § 242, Rn. 24.

348 Vgl. das Arbeitnehmer/Arbeitgeber-Beispiel, oder die Fälle zu den verlorenen bzw. vergessenen Sachen.

349 So bereits Goltdammer Materialien, Teil II, S. 459.

350 Insbesondere, da heute beide Tatbestände die gleiche Strafdrohung beinhalten.

351 So Maurach/Schroeder/Maiwald, BT 1, § 33 I, Rn. 1; Wessels, BT 2, § 2 I, 1; abl. Schmidhäuser BT, 8/15; Sch/Sch-Eser, § 242, Rn. 2.

Nimmt der Eigentümer die Sache einem Dritten weg, so handelt es sich nicht um eine "fremde" Sache[352]. Der Gewahrsam des Dritten wird also gegenüber dem Eigentümer durch § 242 StGB nicht geschützt.
Aber auch andere Personen als der Eigentümer können eine Sache wegnehmen, ohne den Diebstahlstatbestand zu erfüllen:
Will der Wegnehmende dem Eigentümer dessen Eigentumsrecht nicht streitigmachen, so scheitert § 242 StGB an der fehlenden Absicht rechtswidriger Zueignung.
Aus demselben Grund scheitert § 242 StGB bei jeder Wegnahme, die z.B. zum Ziel hat, die Sache wieder dem Eigentümer zugänglich zu machen.

Daraus folgt, daß bei § 242 StGB nicht die Wegnahme allein, sondern nur die Wegnahme zum Zwecke der Streitigmachung des Eigentumsrechtes sanktioniert wird[353]. Nicht der Gewahrsams-bruch soll durch § 242 StGB verhindert werden, sondern, wie bei § 246 StGB, die rechtswidrige Zueignung[354].

Allein das Eigentum soll also durch § 242 StGB geschützt werden, nicht auch der Gewahrsam.

Der wesentliche Sinn des § 242 StGB liegt vielmehr darin, daß das zu schützende Eigentum bereits dann erheblich gefährdet ist, wenn eine Wegnahme der Sache in der Absicht rechtswidriger Zueignung erfolgt[355].
Die versuchte Zueignung ist als vollendetes Diebstahlsdelikt zu qualifizieren, weil die ungewollte Verschiebung der Verfügungsmacht über die Sache die Ausübung des Eigentumsrechts verhindert und damit das Rechtsgut Eigentum bereits erheblich tangiert[356].

---

352 Maurach/Schroeder/Maiwald, BT 1, § 32 III, Rn. 21.

353 Anders die ausdrücklich geregelten Gebrauchsanmaßungsfälle wie z.B. § 248b StGB.

354 Daher ist die Einfügung der Drittzueignungsabsicht in § 242 StGB n. F. und der Drittzueignung in § 246 StGB n. F. nur konsequent. Im übrigen wird durch die Einfügung der Drittzueignungsabsicht in den Diebstahlstatbestand die mehr als dürftige Figur des absichtslos dolosen Werkzeugs zur Rechtfertigung der Annahme einer mittelbaren Täterschaft bei Anstiftung eines nicht mit Zueignungsabsicht Handelnden überflüssig.

355 Vgl. auch Adolf Merkel, a.a.O., S. 639.

356 Entsprechend tangiert auch der Diebstahl einer bereits gestohlenen Sache das Eigentum, da dadurch die Wiedererlangung der Sache für den Eigentümer noch unwahrscheinlicher wird.

Bei der Unterschlagung ist die Verfügungsmacht nicht durch den Täter verschoben worden. Im Grundfall der Unterschlagung hat der Täter die Verfügungsmacht vom Eigentümer erhalten[357].

Die Diebstahlshandlung ist demnach dadurch gekennzeichnet, daß vor der Tat ein anderer eine "unmmittelbare praktische Beziehung zur Sache" hatte, die durch den Täter beseitigt werden mußte, dieser also nicht bereits ein "exclusives äußeres Verhältnis zur Sache" hatte[358]. Soll bereits die versuchte rechtswidrige Zueignung ein vollendetes Delikt darstellen, so muß die das Eigentum gefährdende Handlung demnach eine faktische Beziehung zwischen Mensch und Sache beseitigen. Seinem Wortsinn entsprechend obliegt es dabei dem Gewahrsamsbegriff, diese Beziehung zu umschreiben[359].

(b) Das Interesse am Tatbestandsobjekt

Um diese Beziehung für die Eigentumsdelikte konkretisieren zu können, muß bei dem Interesse an dem Tatbestandsobjekt, also an der Sache, begonnen werden.

Der wesentliche Wert einer Sache liegt in ihrer Verwendung zu ihrem Zweck. Die Möglichkeit, eine Sache gebrauchen zu können, kann ein stärkeres Interesse sein, als das Eigentumsrecht selbst[360]. Der Eigentümer kann dabei die Sache selbst gebrauchen oder den Gebrauch jemand anderen gestatten.

Die für das Rechtsgut Eigentum strafrechtlich entscheidende Beziehung eines Menschen zu einer Sache ist damit die Gebrauchsmöglichkeit[361].

Die zu belegende These lautet daher, daß der Gewahrsamsbegriff diese Beziehung ausdrücken soll, seine Funktion im Tatbestand mithin darin besteht,

---

357 Zur Unterscheidung von Unterschlagung und Diebstahl vgl. Maurach/Schroeder/Maiwald, BT 1, § 33 I, Rn. 1.

358 Adolf Merkel, a.a.O., S. 639.

359 Vgl. oben, § 5, B. III. 2. c) aa).

360 So gehören z.B. auch Leasingnehmer im Rahmen ihres Nutzungsinteresses zum geschützten Personenkreis nach § 823 Abs. 2 BGB i.V.m. dem den Eigentumsschutz bezweckenden § 303 StGB, da das Hauptinteresse darin besteht, die Sache zu nutzen und nicht darin, sie zu Eigentum zu haben, vgl. RGSt JW 35, S. 204; Bay ObLG, NJW 63, S. 1464; OLG Frankfurt, NJW 87, S. 389 f.

361 Dabei soll "Gebrauchsmöglichkeit" die Möglichkeit umschreiben, über die Sache faktisch verfügen zu können, d.h. praktisch -im Gegensatz zu rechtlich- entscheiden zu können, ob die Sache benutzt wird oder lediglich aufbewahrt usw.. Da "Verfügung" aber oft zu Mißverständnissen mit dem zivilrechtlichen Verfügungsbegriff führt, halte ich die zugegebenermaßen eher beispielhafte "Gebrauchsmöglichkeit" für anschaulicher und sachgerechter.

eine Sache demjenigen zuzuordnen, der die Gebrauchsmöglichkeit über dieselbe hat.
Daraus ergeben sich folgende Feststellungen:
Gewahrsamsinhaber ist danach derjenige, dem die Gebrauchsmöglichkeit einer Sache zuzuordnen ist.
Wird diesem ohne oder gegen seinen Willen die Gebrauchsmöglichkeit von einem anderen genommen, so ist in der Störung dieses Verhältnisses der Gewahrsamsbruch zu sehen, der zur Wegnahme führt, welche im Falle der Absicht rechtswidriger Zueignung den Tatbestand des § 242 StGB erfüllt.
Dementsprechend wurde derjenige durch § 246 StGB a. F. mit Strafe bedroht, dem die Gebrauchsmöglichkeit einer Sache zuzuordnen ist und diese starke Position dergestalt ausnutzt, daß er dem Eigentümer das Eigentumsrecht streitig macht.

Nun könnte man einwenden, daß die im wesentlichen von Welzel begründete Ansicht[362] nichts anderes umschreibt als diese Zuordnung. Dabei darf allerdings nicht übersehen werden, daß ein wesentlicher Unterschied zwischen der Funktion des Merkmales im Tatbestand und seiner inhaltlichen Ausgestaltung besteht. Die inhaltliche Ausgestaltung hängt von der Funktion ab, ist mit ihr daher nicht identisch.

Welzel sieht die soziale Zuordnung aber als wesentlichen Inhalt des Begriffes. Dementsprechend wendet er sich auch gegen eine vom Recht geschaffene Zuordnung. Es gehe beim Gewahrsam vielmehr um eine bereits bestehende soziale Struktur[363]. Die soziale Zuordnung erfolge über den von der Gemeinschaft respektierten Herrschaftsbereich einer Person[364].

Selbstverständlich ist die Frage, wem die Gebrauchsmöglichkeit einer Sache zuzuordnen ist, von sozialen Strukturen wie den Gepflogenheiten, Anschauungen oder Konventionen abhängig[365].
Aber nicht die Gemeinschaft ordnet die Sache zu, sondern die rechtliche Zuordnung greift auf das bestehende soziale Gefüge zurück, um das Verhältnis zwischen Person und Sache feststellen zu können.
Dies soll anhand von Beispielen verdeutlicht werden:

362 Vgl. oben, § 5, B. III. 4. a) aa) (1).
363 Im Gegensatz zum Eigentum, das eine reine Rechtsbeziehung darstelle.
364 Welzel, GA 60, S. 264 f.
365 Vgl. Welzel, a.a.O., S. 266.

Die sozialen Gepflogenheiten oder Konventionen ergeben bezüglich des Gewahrsamsverhältnisses in der Beziehung des Arbeitgebers zum Arbeitnehmer, daß der Arbeitgeber den Gewahrsam an den gestellten Werkzeugen behält[366].

Für jeden Dritten ist diese Beziehung aber nicht erkennbar. Dieser wird die Sache vielmehr demjenigen zuordnen, der sie in der Hand hält[367]!

Der auf der Parkbank vergessenen Brieftasche ist es nicht anzusehen, ob der Betreffende sie lediglich vergessen oder, da er sich an den Lageort nicht mehr erinnert, verloren hat[368].

Ob der in einer Gaststätte auf einem Tisch liegende Regenschirm sich im Gewahrsam des Wirtes oder des Gastes befindet, entscheidet sich für die soziale Umwelt entweder, wenn der Gast von den WC-Räumen zum Tisch zurückkehrt, oder wenn der Wirt nach dem letzten Gast die Eingangstür zuschließt und sich der Schirm immer noch auf dem Tisch befindet[369].

Die Zuordnung des Schirmes muß aber zu jedem Zeitpunkt erfolgen können, also auch bereits zu dem Zeitpunkt, zu dem der Schirm auf dem verlassenen Tisch liegt.

Dies zeigt gerade, daß der Gewahrsam einer Sache nicht sozial zugeordnet wird, sondern die Zuordnung eine rechtliche sein muß.

Dem versucht Samson zu entgegnen, daß für den Gewahrsam der äußere Eindruck entscheidend sei, welcher durch die soziale Anschauung bestimmt werde.

Die soziale Zuordnung verflüchtige sich dabei allmählich. Der Gewahrsam an der vor der Tür abgestellten Tasche ginge nach wenigen Stunden unter, auch verliere seinen Gewahrsam, wer das unverschlossene Fahrrad wochenlang am Bahnhof stehen lasse.

Die sich daraus ergebenden Schwierigkeiten zur Bestimmung des Zeitpunktes des Gewahrsamsverlustes könnten im subjektiven Tatbestand korrigiert werden[370].

---

366 Vgl. Sch/Sch-Eser, § 242, Rn. 27.

367 Vgl. Bittner, JuS 74, S. 158.

368 Vgl. die Ausführungen von Adolf Merkel, a.a.O., S. 637.

369 Vgl. zum Gewahrsam an in fremden Herrschaftsbereichen vergessenen Sachen, SK-Samson, § 242, Rn. 25 m.w.N.

370 SK-Samson, § 242, Rn. 29; allein auf die objektive Situation abstellend Bittner, JuS 74, S. 159.

Wer aber ist es, dessen Anschauung für Samson über das Bestehen oder Verlieren des Gewahrsams entscheidet? Der Korrekturhinweis über den subjektiven Tatbestand gibt darauf eine Antwort:
Wenn zwischen Gewahrsamslockerung und Gewahrsamsverlust allein zeitliche Aspekte eine Rolle spielen sollen, so sind diese für den Täter nicht erkennbar. Niemand kennt die Zeit, die das Fahrrad bereits am Bahnhof verweilt. Auch der Tasche kann niemand ansehen, ob sie für kurze Zeit vor der Haustür abgestellt wurde, oder ob der Betreffende sie vor Stunden auf dem Weg zur Arbeit dort vergessen hat.
Die "soziale Anschauung" wird immer dann zur bloßen Fiktion, wenn die Sache nicht konkret mit einer Person über einen Herrschaftsraum in Verbindung gebracht werden kann.
Die Umschreibungen dieser sozialen Anschauungen sind daher nichts anderes, als die Berücksichtigung aller tatsächlichen Umstände, zu denen die Örtlichkeit, an der sich die Sache befindet, das konkrete Verhältnis zwischen den beteiligten Personen und die voluntative Seite gehören.
Diese Berücksichtigung der faktischen Umstände zur Ermittlung der tatsächlichen Beziehung der Sache zu einer Person ist aber rein normativ.

Die von Welzel mitbegründete Ansicht hat damit die Funktion unsachgerecht als wesentlichen Inhalt des Begriffes berücksichtigt, die Grenzen zwischen Inhalt und Funktion mithin verwischt.
Die Zuordnung der Sache ist demnach Funktion und nicht Inhalt des Gewahrsamsmerkmales.

Die rechtliche Zuordnung stützt sich dabei allein auf faktische Gegebenheiten. Daher irrt Seelmann wenn er feststellt:
"*Es gilt für den Gewahrsam inzwischen prinzipiell dasselbe, was Jehring über den Besitz gesagt hat: Nicht wo nach der Sprache ein Besitz vorliegt wird Besitzschutz gewährt, vielmehr nur wo letzterer zu erteilen ist, sprechen Juristen von Besitz*[371]."
Die Zuordnung einer Sache zu einer Person kann nur erfolgen, wenn die tatsächlichen Umstände die Aussage rechtfertigen, daß die Person die faktische Möglichkeit hat, die Sache zu gebrauchen. "Der Jurist" kann nur das Verhältnis feststellen in dem sich die Sache zu einer Person befindet. Dieses faktische Verhältnis entscheidet über die Zuordnung.

371 Seelmann, JuS 85, S. 202 unter Hinweis auf Jhering, Über den Grund des Besitzschutzes, 1869, S. 184 f.

(c) Überprüfung der These

Die behauptete Zuordnungsfunktion des Gewahrsamsbegriffes müßte nun sowohl die herrschende Definition, als auch die für die verschiedenen Fälle gefundenen Lösungen erklären können.

(aa) Die aktuelle Gebrauchsmöglichkeit

Die eindeutigste Zuordnung der Sache zum Gebrauchenden ist gegeben, wenn dieser die Sache "in die Hände nimmt", sie eigenhändig gebraucht. Diese aktuelle Gebrauchsmöglichkeit ist also die Grundbeziehung, die durch den Gewahrsamsbegriff in den Eigentumsdelikten ausgedrückt werden soll. Es leuchtet daher ein, bei § 242 StGB in der Sachherrschaft mit entsprechenden Sachherrschaftswillen das wesentliche Kriterium für den Gewahrsamsbegriff zu sehen[372].

(bb) Die potentielle Gebrauchsmöglichkeit

Der Eigentumsschutz griffe aber zu kurz, ordnete der Gewahrsamsbegriff eine Sache nur nach der aktuellen Gebrauchsmöglichkeit zu.
Bereits bei den Beratungen zum Preußischen StGB war man sich darüber einig, daß der Gewahrsamsbegriff "nicht allein die unmittelbare materielle Detention, sondern auch die Fähigkeit, jeden Augenblick diese Detention auszuüben oder zu reproduciren" umfaßt[373].
Also nicht nur die aktuelle sondern auch die potentielle Gebrauchsmöglichkeit einer Sache muß zur Zuordnung, mithin zu einer Bejahung des Gewahrsams führen[374].

Die normative Zuordnung der potentiellen Gebrauchsmöglichkeit einer Sache zu einem Menschen bezieht sich mal mehr auf die räumliche Situation und mal mehr auf die voluntative[375]. Es darf dabei nicht übersehen werden, daß auch

372 Dabei ist die Sachherrschaft nicht, wie z.B. Welzel a.a.O. meint, eine Frage der Kraft oder physischen Gewalt, sondern nur eine allgemeine Umschreibung der faktischen Möglichkeit der Verfügung, die wir eher beispielhaft "Gebrauchsmöglichkeit" nennen wollen.

373 Goltdammer Materialien, Teil II, S. 459.

374 Vgl. auch Gössel, a.a.O., S. 618.

375 Vgl. oben, § 5, B. III. 4. a) aa) (1).

die potentielle Gebrauchsmöglichkeit eine faktische Beziehung darstellt und nicht allein das In-den-Händen-halten[376].
Um dieser Faktizitätsanforderung gerecht zu werden, muß die potentielle Gebrauchsmöglichkeit als die Möglichkeit des Betreffenden verstanden werden, ohne wesentliche Hindernisse eine aktuelle Gebrauchsmöglichkeit zu erlangen[377].
Die potentielle Gebrauchsmöglichkeit kann einer Person demnach dann zugeordnet werden, wenn sie zu derselben in einer Beziehung steht, bei der unter normalen Umständen und bei optimaler Kenntnis der Sachlage davon ausgegangen werden kann, daß niemand anderes die Sache gegen den Willen der betreffenden Person gebraucht.

Hier also kommen die von Welzel umschriebenen sozialen Strukturen wie Anschauungen, Gepflogenheiten oder Konventionen zum Zuge. Sie dienen der Feststellung, was "normale Umstände" sind. Konkret heißt dies folgendes:
Gebraucht der Arbeitnehmer ein Werkzeug des Arbeitgebers, so übt der Arbeitnehmer den Gebrauch im Interesse des Arbeitgebers aus. Der Arbeitnehmer ist wie ein "Werkzeug" des Arbeitgebers zum Gebrauch der Sache zu sehen, eben als Gewahrsamsgehilfe. Unter normalen Umständen wird der Arbeitgeber nicht daran gehindert, den Gebrauch des Werkzeuges zu kontrollieren oder das Werkzeug wieder selbst zu gebrauchen. Die Zuordnung erfolgt deswegen zum Arbeitgeber und nicht zum Arbeitnehmer[378].
Verleiht oder vermietet der Eigentümer eine Sache, so gebraucht der Mieter oder Entleiher die Sache im eigenen Interesse. Der Eigentümer ist danach eventuell mittelbarer Besitzer, nicht aber Gewahrsamsinhaber, denn die Beziehung zur Sache ist nicht dergestalt, daß er ohne wesentliche Hindernisse die aktuelle Gebrauchsmöglichkeit erlangen kann. Vielmehr muß er diese vom Mieter oder Entleiher wiedererlangen. Die potentielle Gebrauchsmöglichkeit ist demnach zu verneinen, die Zuordnung der Gebrauchsmöglichkeit hat mithin zum Mieter bzw. Entleiher zu erfolgen[379].
Auch vom Dieb kann der Eigentümer die Sache zwar herausverlangen, wie beim Fall des Vermieters muß er die Gebrauchsmöglichkeit aber erst wiedererlangen. Die Zuordnung der Gebrauchsmöglichkeit zum Dieb ist demnach erklärbar.

---

376 Vgl. Welzel, GA 60, S. 266.
377 Die gleichen Anforderungen stellend, Adolf Merkel, a.a.O., S. 640.
378 Sch/Sch-Eser, § 242, Rn. 27; SK-Samson, § 242, Rn. 26.
379 Adolf Merkel, a.a.O.

Eine Zwischenposition nimmt nur scheinbar der Fall des Verwalters einer Kasse, der die Kasse selbständig verwaltet und für Fehlbeträge aufzukommen hat, ein[380]. Aufgrund seiner selbständigen Stellung zum Kassenbestand, kann er trotz sozialer Abhängigkeit nicht als "Werkzeug" des Eigentümers des Geldes für den Gebrauch desselben[381] gesehen werden. Seine Stellung verpflichtet ihn gerade dazu, die Verwaltung eigenverantwortlich durchzuführen. Der Eigentümer ist im Rahmen dieser Verpflichtung demnach auch daran gehindert, eine aktuelle Gebrauchsmöglichkeit durch Zugriff am Geld zu erlangen. Daher ist dem Kassenverwalter der Kassenbestand zuzuordnen[382].
Entsprechend können auch die Lösungen der Fälle der Gewahrsamslockerung erklärt werden[383]. Die potentielle Gebrauchsmöglichkeit z.B. der sich in der eigenen Wohnung befindenden Sachen ergibt sich von selbst. Eine faktische Beziehung, die zur Bejahung der potentiellen Gebrauchsmöglichkeit führt, ist selbst dann noch gegeben, wenn die betreffende Person eine Sache zuvor außerhalb jedes Herrschaftsbereiches liegengelassen hat, sich aber an den Lageort erinnert und keine wesentlichen Hindernisse zur Erreichung der aktuellen Gebrauchsmöglichkeit, also der Ergreifung der Sache, gegeben sind[384].
Entgegen Samson kann die Zuordnung der potentiellen Gebrauchsmöglichkeit durchaus auch den Fall des gelähmten Wohnungsinhabers erfassen[385].
Für den Gebrauch kommt es nicht entscheidend auf Macht oder überwiegende Kraft an[386]. Innerhalb seiner Wohnung befindet der Gelähmte sich in einer Beziehung zum Inventar, bei der unter normalen Umständen davon ausgegangen werden kann, daß niemand anderes die Sachen gegen seinen Willen gebraucht. Er ist daher dazu in der Lage, wenn auch nur mittelbar durch Dritte, ohne wesentliche Hindernisse eine Gebrauchsmöglichkeit zu erlangen. Dies reicht aber aus, um ihm die Sachen als Gebrauchenden zuzuordnen, ihn also als Gewahrsamsinhaber, anzusehen.
Wieder dienen die sozialen Anschauungen, die Samson zur Definition des Gewahrsams heranzieht, der Feststellung der Beziehung zwischen Person und Sache, um entscheiden zu können, ob eine Zuordnung der Gebrauchsmöglichkeit erfolgen kann.
Entsprechendes gilt für den nicht aktuell vorhandenen Gebrauchswillen.

380 Vgl. BGHSt 8, 273, 276.
381 Im Sinne der Verwaltung des Kassenbestandes.
382 SK-Samson, § 242, Rn. 26.
383 Vgl. oben, § 5, B. III. 4. a) aa) (1).
384 Adolf Merkel, a.a.O., S. 637; Schmidhäuser BT, 8/19.
385 Vgl. SK-Samson, § 242, Rn. 21.
386 Vgl. Adolf Merkel, a.a.O., S. 641 f.

Wird -wie gezeigt[387]- die aktuelle Gebrauchsmöglichkeit richtigerweise durch die vom Herrschaftswillen getragene Sachherrschaft definiert, so ist es nur folgerichtig bei den Fällen der potentiellen Gebrauchsmöglichkeit auf die Anschauungen des täglichen Lebens zurückzugreifen. Diese bestimmen, wann man die potentielle Gebrauchsmöglichkeit einer Person zuordnen und somit von einem Sachherrschaftsverhältnis sprechen kann.

(d) Zwischenergebnis

Zusammengefaßt ergeben sich aus der Untersuchung der inhaltlichen Ausgestaltung des Gewahrsamsbegriffes in den §§ 242, 246 (a. F.) StGB damit folgende Ergebnisse:

Der Wortsinn des Gewahrsamsbegriffes drückt eine faktische Beziehung zwischen Objekt und Mensch aus.
Aus den Tatbestandshandlungen der §§ 242, 246 (a. F.) StGB mit dem Tatobjekt der fremden Sache ergibt sich, daß als faktische Beziehung jene zwischen Sache und Mensch zu verstehen ist.
Das Interesse an Sachen ist im wesentlichen durch die Gebrauchsmöglichkeit bestimmt.
Durch die Berücksichtigung des Rechtsgutes Eigentum bei der Auslegung ergibt sich daher, daß der Gewahrsamsbegriff die Beziehung eines Menschen zu einer Sache umschreibt, welche die Zuordnung der Gebrauchsmöglichkeit zu der Person rechtfertigt.

bb) Die sich daraus ergebende allgemeine Funktion des Gewahrsamsbegriffes

Verallgemeinert hat der Gewahrsamsbegriff also im Tatbestand die Funktion, einer Person das sich aus dem Rechtsgut ergebende Hauptinteresse am Tatobjekt zuzuordnen[388].

---

387 Vgl. oben, § 5, B. 4. b) aa).

388 Ausdrücklich wird der Begriff der Zuordnung von LG Frankfurt, NJW-RR 88, S. 1215 gebraucht. Der Gewahrsamsbegriff im Zwangsvollstreckungsrecht (vgl. §§ 808, 809 ZPO) verlange aufgrund des formalisierten Verfahrens eine äußerlich leicht erkennbare Zuordnung.

cc) Die sich daraus ergebende Funktion des Gewahrsamsbegriffes in § 168 StGB

Tatobjekt des § 168 Abs. 1, 1.Alt. StGB ist der nicht verkehrsfähige Leichnam[389]. Die Person, die in einer faktischen Beziehung zum Leichnam stehen soll, ist tatbestandlich als Berechtigter konkretisiert und als Totenfürsorgeberechtigter definiert[390].
Der Gewahrsamsbegriff umschreibt demnach die faktische Beziehung zwischen Leichnam und Totenfürsorgeberechtigten.

Es geht bei § 168 Abs. 1, 1.Alt. StGB um die Gewährleistung der dem Willen bzw. mutmaßlichen Willen des Verstorbenen entsprechenden Behandlung und Bestattung des Leichnams[391].
Aus dem Rechtsgut des Pietätsschutzes ergibt sich daher, daß das Hauptinteresse am Leichnam die Schutzmöglichkeit desselben vor jedweder ungewollter Behandlung ist.

Der Gewahrsamsbegriff in § 168 Abs. 1, 1.Alt. StGB hat damit die Funktion, jene Beziehung des Totenfürsorgeberechtigten zum Leichnam zu umschreiben, die die Zuordnung der Schutzmöglichkeit zum Totenfürsorgeberechtigten ermöglicht.

b) Die sich aus der Funktion des Gewahrsamsbegriffes ergebende inhaltliche Ausgestaltung

Bei der Feststellung der inhaltlichen Ausgestaltung kann auf die entsprechenden Prinzipien zur Berücksichtigung der Funktion des Gewahrsamsbegriffes in den Eigentumsdelikten zurückgegriffen werden.

Demnach ist als erstes festzustellen, welche Grundbeziehung eine Zuordnung der Schutzmöglichkeit des Leichnams zum Totenfürsorgeberechtigten ermöglicht.
Daran anschließend wird erörtert, inwieweit die Zuordnung der potentiellen Schutzmöglichkeit möglich ist.

---

389 Vgl. oben, § 4, A..
390 Vgl. oben, § 5, A. II..
391 Vgl. oben, § 5, A. I. 2. a).

aa) Die aktuelle Schutzmöglichkeit

Die einfachste Form des Schutzes des Leichnams ist, ihn höchstpersönlich zu bewachen.
Fraglich ist nun, ob nur der, dem "tatsächlichen Zugriff" der "überwiegenden Ansicht" entsprechende, unmittelbare persönliche Schutz die Bejahung einer aktuellen Schutzmöglichkeit erlaubt.

Die "dritte Ansicht" zum Gewahrsamsverständnis hat die heute übliche Art des Schutzes dargestellt[392].
Sie besteht darin, den Leichnam nicht mehr wie früher im eigenen Haus zu behalten, sondern die Interessen des meist außerhaus Verstorbenen gegenüber dem Altersheim oder der Klinik zu vertreten, in denen sich der Leichnam nach Versterben befindet, und ein Beerdigungsinstitut mit der gewünschten Bestattung zu beauftragen.
Die tatsächlichen Handlungen an dem Leichnam werden in der Regel also durch Dritte vollzogen.

Die aktuelle Schutzmöglichkeit bedarf aber keines höchstpersönlichen Zugriffs auf die Leiche:
Die vom Totenfürsorgeberechtigten erteilten Anweisungen stehen unter seiner Aufsicht und werden normalerweise dementsprechend ausgeführt. Der Begriff des Schutzes deckt aber durchaus eine derartige Beziehung[393]. Die Erteilung von Anweisungen an Dritte ist demnach nicht mittelbare Ausübung des Schutzes, sondern tatsächliche Schutzhandlung.

Allerdings ist bis zur Ausführung der ersten Anweisung die Beziehung zwischen Berechtigten und Leichnam gelockert. Als faktische Beziehung muß der aktuelle Schutz sich auch physisch niederschlagen. Nur wenn der Schutz tatsächlich sich in dem Verhalten des Zugriffsbefähigten niederschlägt, kann von einer aktuellen Schutzmöglichkeit gesprochen werden. Eine aktuelle Schutzmöglichkeit kann ohne, wenn auch nur mittelbar gegebenen, tatsächlichen Zugriff nicht festgestellt werden. Erst mit der Ausführung der Anordnung durch den Dritten ist eine aktuelle Schutzmöglichkeit des Anweisenden demnach zu bejahen.

---

392 Vgl. oben, § 5, B. III. 3. b).
393 Vgl. ebenda.

Die aktuelle Schutzmöglichkeit setzt damit
- die Kenntnis des Totenfürsorgeberechtigten vom Tod und Aufenthaltsort des Verstorbenen,
- den Willen zur Ausübung der Totenfürsorge und
- die tatsächliche Unterordnung des Zugriffsbefähigten unter den Willen des Totenfürsorgeberechtigten voraus[394].

Diese aktuelle Schutzmöglichkeit ist als Obhutsverhältnis zutreffend und einleuchtend definiert.

bb) Die potentielle Schutzmöglichkeit

Aber genau wie bei den Eigentumsdelikten der Eigentumsschutz, griffe der Pietätsschutz bei § 168 StGB zu kurz, wenn sich der Gewahrsamsbegriff auf die aktuelle Schutzmöglichkeit bei der Zuordnung beschränken würde.
Auch bei § 168 StGB darf nicht nur die aktuelle, sondern muß ebenso die potentielle Schutzmöglichkeit zur Zuordnung, mithin zur Bejahung des Gewahrsams führen.

Um der Faktizitätsanforderung dabei gerecht zu werden, muß die potentielle Schutzmöglichkeit, entsprechend der Erwägungen zu den Eigentumsdelikten[395], damit als die Möglichkeit verstanden werden, ohne wesentliche Hindernisse eine aktuelle Schutzmöglichkeit zu erlangen.

Zu fragen ist, wann eine derartige Beziehung zwischen Totenfürsorgeberechtigten und Leichnam gegeben ist.

Wiederum kann sich die normative Zuordnung dabei auf die tatsächliche Situation oder auf die voluntative beziehen[396].
Auch hier müssen die sozialen Strukturen wie Anschauungen, Gepflogenheiten oder Konventionen Berücksichtigung finden.

Typische Situationen sind folgend auf die Möglichkeit einer Zuordnung hin zu untersuchen.

---

394 Insoweit entsprechend der überwiegenden Ansicht, vgl. oben, § 5, B. I..
395 Vgl. oben, § 5, B. 4. a) aa) (2) (c) (bb).
396 Ebenda.

Die Bejahung der potentiellen Schutzmöglichkeit ist problemlos möglich, wenn die Totenfürsorgeberechtigten vom Tod und vom Aufenthaltsort des Verstorbenen Kenntnis haben, und wenn sie erklären, ihre Pflichten, also den Schutz und die Sorge um den Leichnam, übernehmen zu wollen[397]. Unter normalen Umständen muß davon ausgegangen werden, daß eine Behandlung des Toten nur nach den Weisungen des Totenfürsorgeberechtigten erfolgt. Auch von Medizinern wird diese Beziehung respektiert.
Die Totenfürsorgeberechtigten sind jederzeit dazu in der Lage, den Leichnam aus der Klinik, dem Altersheim oder dem Leichenhaus abholen zu lassen[398].

Mit der Erteilung einer Weisung und der tatsächlichen Unterordnung wird aus der potentiellen eine aktuelle Schutzmöglichkeit. Die potentielle Schutzmöglichkeit ist dabei aber nicht abhängig von der wirklichen Unterordnung des Zugriffsbefähigten. Denn widersetzt sich dieser, so kann der Totenfürsorgeberechtigte den Schutz des Leichnams notfalls mit staatlicher Gewalt durchsetzen. Dies ist nicht die bloße Umschreibung seines Obhutsrechtes, sondern es ist eine faktische Beziehung, die jederzeit zu einer aktuellen Schutzmöglichkeit werden kann. Die Zuordnung der Schutzmöglichkeit des Leichnams hat daher zum Totenfürsorgeberechtigten zu erfolgen.

Handeln die Zugriffsbefähigten den Anweisungen des Totenfürsorgeberechtigten zuwider, beseitigen sie damit die faktische Beziehung, die die potentielle Schutzmöglichkeit zuordnet, brechen also den Gewahrsam des Berechtigten.

Auch an nach einem Verkehrsunfall sich im Freien befindende Leichen kann eine potentielle Schutzmöglichkeit ab Kenntnis des Geschehens und des Lageortes dem Totenfürsorgeberechtigten zugeordnet werden.
Durch Beauftragung eines Beerdigungsinstituts kann ohne wesentliche Hindernisse eine aktuelle Schutzmöglichkeit erreicht werden, die mit Ankunft am Unfallort gegeben ist[399].

Fraglich bleibt der Hauptproblemfall, daß nach einem Verkehrsunfall der Verstorbene ohne Kenntnis des Totenfürsorgeberechtigten in eine Klinik

---

397 So bereits die "dritte Ansicht", vgl. oben, § 5, B. III. 3. b).

398 Sofern nicht öffentlich-rechtliche Bestimmungen dem entgegenstehen, was allerdings lediglich gewahrsamsbeschränkend und nicht -aufhebend wirkt, vgl. OLG Düsseldorf, a.a.O, denn an der den Schutz ausübenden Person ändert sich dadurch nichts.

399 Vgl. entsprechend bei den Eigentumssdelikten oben, § 5, B. 4. a) aa) (2) (c) (bb).

gebracht wird, oder daß ohne Kenntnis des Berechtigten jemand in einer Klinik verstirbt[400].

Die Kenntnis der Klinik von der Person des Totenfürsorgeberechtigten ist nicht zur Entstehung des Gewahrsamsverhältnisses notwendig, da in jedem Fall ein Totenfürsorgeberechtigter vorhanden ist, dessen Anweisungen sich die Klinik unterzuordnen hat. Entweder sind Angehörige ermittelbar oder die Gemeinde, in der der Verstorbene lebte, ist zur Totenfürsorge verpflichtet[401].

Fraglich ist, ob der durch fehlende Kenntnis tatsächlich nicht vorhandene Wille zum Schutz bereits die Zuordnung verhindert.
Zunächst ist zu berücksichtigen, daß es sich bei der Totenfürsorge um ein Pflichtrecht handelt[402]. Für die tatsächliche Ausübung dieser Pflicht durch Übernahme des Schutzes ist allerdings direkt nichts gewonnen. Jedoch ist die Totenfürsorgepflicht ein wichtiges Indiz für die Feststellung eines antizipierten Schutzwillens. Darunter ist entsprechend der Problematik bei den Eigentumsdelikten die Situation zu verstehen, bei der bei Kenntnis vom Versterben vom Willen des Berechtigten zum Schutz des Leichnams ausgegangen werden darf. Zwar sind auch Streitigkeiten über die Berechtigung zwischen den Angehörigen denkbar.
Wenn aber überhaupt zwischen den Angehörigen Streit über die Totenfürsorge ausbricht, dann weil mehrere sich dazu primärberechtigt sehen[403]. Dies zeigt, daß grundsätzlich bis zur gegenteiligen Erklärung des Totenfürsorgeberechtigten von seinem Willen zur Ausübung des Schutzes ausgegangen, also zumindest ein antizipierter Wille bejaht werden kann.

Als zentrale Frage bleibt demnach, ob eine Zuordnung der potentiellen Schutzmöglichkeit -mit ihrer Anforderung an die Faktizität der Beziehung- möglich ist, obwohl der Totenfürsorgeberechtigte vom Schicksal des Verstorbenen noch nichts weiß[404].

Bei den Eigentumsdelikten kann ohne Kenntnis Gewahrsam erlangt werden, wenn sich die Sachen in der eigenen "Herrschaftssphäre" befinden. So verliert

---

400 Entsprechendes gilt selbstverständlich in einem Altersheim.
401 Vgl. oben, § 5, A. I. 2. c).
402 Vgl. oben, § 5, A. I. 2. b).
403 Vgl. Geilen, JZ 71, S. 44.
404 Es sei noch einmal darauf hingewiesen, daß das Recht zum Schutz keinerlei faktische Beziehung darstellt, die eine Zuordnung rechtfertigt; daher lehnen alle die Bejahung des Gewahrsams in diesem Fall ab, die nicht der "Gegenansicht" zuzuordnen sind.

zwar derjenige seinen Gewahrsam der zum Beispiel eine Sache in einem Lokal verliert. Die Sachen werden aber nicht gewahrsamslos, vielmehr erlangt der Inhaber des Raumes eigenen Gewahrsam, auch wenn er die Sache noch nicht gefunden, d.h. noch keine Kenntnis von ihrer Existenz hat[405]. Die Bejahung der Zuordnung einer potentiellen Gebrauchsmöglichkeit zum Lokalinhaber findet seine Rechtfertigung durch die Berücksichtigung der sozialen Gepflogenheiten, so daß davon ausgegangen werden kann, daß in seiner "Herrschaftssphäre Lokal" niemand anderes als der Lokalinhaber eine aktuelle Gebrauchsmöglichkeit[406] erhält[407].

Diese Berücksichtigung sozialer Gepflogenheiten und Anschauungen hat nun auch bei der hier zu erörternden Frage zu erfolgen.
Da niemand anderes als der Totenfürsorgeberechtigte den aktuellen Schutz, wenn auch durch Dritte[408], ausübt, kann dementsprechend eine Zuordnung trotz fehlender Kenntnis immer dann erfolgen, wenn sich der Leichnam an einem Ort befindet, an dem von der jederzeitigen Berücksichtigung der Anweisungen des Totenfürsorgeberechtigten, also der Ausübung des aktuellen Schutzes, bei Kenntnis ausgegangen werden muß[409].
Derartige Aufenthaltsorte sind alle typischen Stationen bis zur Beerdigung, d.h. zum Beispiel das Altersheim oder die Klinik, in der der Betroffene verstarb bzw. nach einem Unfall eingeliefert wurde, und das Beerdigungsinstitut oder die Leichenhalle, zu der der Leichnam für die Vorkehrungen zur Bestattung gebracht wurde[410].

Eine Zuordnung der potentiellen Schutzmöglichkeit ist demnach nicht möglich bei Versterben an atypischen Orten, wie in fremden Wohnungen oder in der freien Natur, z.B. bei der sog. "Fundleiche" oder bei auf einer Expedition Verschollenen o.ä.. Hier sind keine Personen zugegen, bei denen davon ausgegangen werden kann, daß sie sich den Weisungen des Totenfürsorge-berechtigten entsprechend verhalten würden; d.h. in diesen Situationen ist es nicht möglich, ohne wesentliche Hindernisse eine aktuelle Schutzmöglichkeit zu erhalten.

---

405 SK-Samson, § 242, Rn. 25 m.w.N..
406 Hier in Form der Aufbewahrung für den Gast.
407 Vgl. oben, § 5, B. III. 4. a) (1).
408 Vgl. oben, § 5, B. III. 3. b).
409 Geilen bejaht dies nur bei Kenntnis, vgl. oben, § 5 B. I. a.E..
410 Geilen nimmt auch bei Kenntnis die Klinik oder das Altersheim, also die "erste Station", aus, vgl. oben, § 5, B. I. a.E.. Zur Kritik vgl. aber auch oben, § 5, B. III. 3. c).

Eine Zuordnung über bestimmte Herrschaftssphären, wie bei den Eigentumsdelikten, ist bei § 168 StGB nicht notwendig, da die Zuordnungsproblematik eine völlig andere ist:
Einer Sache sieht man den Gewahrsamsinhaber nicht an, da sie grundsätzlich von jedem gebraucht werden und zudem auch an jedem Ort gewahrsamslos sein kann.
Der Totenfürsorgeberechtigte steht aufgrund seiner Beziehung zum Verstorbenen, der daraus resultierenden Pflicht und seiner rechtlichen Zuordnung aber grundsätzlich fest. Die Zuordnung der Schutzmöglichkeit einer Leiche muß daher eine völlig andere Situation berücksichtigen als die der Gebrauchsmöglichkeit einer Sache, was sich im übrigen bereits aus dem unterschiedlichen Charakter des Gebrauches und des Schutzes ergibt.

Die Anschauungen des täglichen Lebens ergeben, wie gezeigt, eine von den Eigentumsdelikten unabhängige Zuordnung der potentiellen Schutzmöglichkeit, die zwar denselben Grundsätzen folgt, wie die Zuordnung bei den Eigentumsdelikten, aber eine den Umständen entsprechende eigenständige inhaltliche Ausprägung erfährt.

cc) Zwischenergebnis

Zusammenfassend ist demnach folgendes festzuhalten:

Die als tatsächliche Obhut definierte Beziehung zwischen Totenfürsorgeberechtigten und Leichnam ist die der faktischen Schutzmöglichkeit.
Die tatsächliche Obhut muß sowohl die aktuelle als auch die potentielle Schutzmöglichkeit beinhalten.

Die Kenntnis des Zugriffsbefähigten vom konkreten Totenfürsorgeberechtigten ist nicht erheblich, da durch die Pflicht der Gemeinde, für Leichname ohne ermittelbare Angehörige zu sorgen, in jedem Fall ein Totenfürsorgeberechtigter existiert.

Der Wille des Totenfürsorgeberechtigten ist bis zur gegenteiligen Äußerung aufgrund der Totenfürsorgepflicht zu unterstellen und bei Unkenntnis vom Versterben in Form eines antizipierten Willens als vorhanden zu sehen.

Eine potentielle Schutzmöglichkeit des Totenfürsorgeberechtigten ist auch ohne Kenntnis vom Versterben zu bejahen, wenn sich der Leichnam an einem Ort befindet, an dem von der jederzeitigen Berücksichtigung der Anweisungen des Berechtigten bei Kenntnis auszugehen ist. Solche Orte sind alle üblichen Stationen bis zur Bestattung, einschließlich der Klinik oder des Altersheims, in dem der Betreffende verstarb. Keine potentielle Schutzmöglichkeit des Totenfürsorgeberechtigten kann bei der sog. "Fundleiche" oder bei Versterben an sonstigen atypischen Orten bejaht werden.

Mithin haben die Angehörigen des Verstorbenen als Totenfürsorgeberechtigte bereits mit Versterben in der Klinik, unabhängig von ihrer Kenntnis, Gewahrsam am Leichnam.

Dies hat zur Folge, daß jedwede eigenmächtige Entnahme aus dem in der Klinik befindlichen Leichnam eine Wegnahme aus dem Gewahrsam der Totenfürsorgeberechtigten darstellt.

Neben einer Strafbarkeit aus § 19 Abs. 1 TPG kommt daher auch eine Bestrafung nach § 168 Abs. 1, 1. Alt. StGB in Betracht, wenn die Entnahme zum Zwecke der Transplantation erfolgt.
Ebenso ist die Entnahme selbst geringster Mengen Gewebes aus dem Körper des Verstorbenen zu anderen Zwecken nach § 168 Abs. 1, 1. Alt. StGB strafbar.
Eine eigenmächtige klinische Sektion ist nur dann nicht gem. § 168 Abs. 1, 1. Alt. StGB strafbar, wenn sämtliche entnommenen Bestandteile nach ihrer Untersuchung, entgegen der heutigen Praxis, wieder vor der Bestattung in den Körper zurückgelegt werden; die zeitweilige Entnahme ist nicht als Wegnahme i.S.d. § 168 StGB zu qualifizieren.

Gewahrsam an der toten Leibesfrucht haben die Eltern nur dann, wenn diese bestattet werden soll, da nur dann von einem Schutzinteresse gesprochen werden kann. Die Bestattung bei Embryonen und Feten, die z.B. aus einem Schwangerschafts-abbruch herrühren, ist in der Regel nicht vorgesehen, so daß ein Gewahrsam der Eltern an der Leibesfrucht grundsätzlich zu verneinen ist.

Die untersuchten Situationen erfüllen also nahezu ohne Ausnahme den Tatbestand des § 168 Abs. 1, 1. Alt. StGB.

§ 6 Befugnis zur eigenmächtigen Entnahme

A. Einleitung

Nachdem festgestellt wurde, daß Ärzte bei der eigenmächtigen Entnahme von Leichenteilen in der Klinik grundsätzlich den Tatbestand des § 168 Abs. 1, 1. Alt. StGB erfüllen[411], kann eine Strafbarkeit der handelnden Ärzte außerhalb des Irrtums nur noch durch eine Rechtfertigung der Tat scheitern[412].

Hierbei ist deutlich zu trennen zwischen der Rechtmäßigkeit im zivilrechtlichen Bereich und jener im strafrechtlichen Sinne.
Zivilrechtlich ist auch zu erörtern, inwieweit eine Einwilligung der Angehörigen als Totenfürsorgeberechtigte gegen den Willen des Verstorbenen die Rechtswidrigkeit ausschließen kann[413].
Im Bereich der Prüfung des § 168 StGB führt die Einwilligung des Totenfürsorgeberechtigten jedoch bereits zum Entfallen des Tatbestandes. Entspricht die Entnahme dem Willen des Gewahrsamsinhabers, liegt keine Wegnahme vor[414], die Frage der Rechtfertigung stellt sich also überhaupt nicht.
Wer dagegen bei der Einwilligung der Angehörigen gegen den Willen des Verstorbenen auf die Unwirksamkeit der Einwilligung abstellt[415], verwechselt wiederum die Frage der Rechtswidrigkeit im zivilrechtlichen Bereich mit der Frage der Rechtfertigung bei § 168 StGB, deren Erörterung eine Wegnahme voraussetzt. Läßt der Gewahrsamsinhaber einen Eingriff in seinen Gewahrsam

411 Da der Tatbestand der ersten Alternative das Unrecht abschließend beschreibt, ist nunmehr ganz überwiegende Ansicht, daß "unbefugt" mit dem allgemeinen Verbrechensmerkmal "Rechtswidrigkeit" identisch ist, vgl. LK-Dippel § 168, Rn. 27 m.w.N..

412 KG NJW 90, S. 782 ff stellte auf einen Verbotsirrtum der handelnden Ärzte ab, da die Einlassung der Angeklagten nicht zu widerlegen sei, sie seien von der Rechtmäßigkeit ihres Handelns ausgegangen. Dieser Irrtum sei aufgrund der überwiegenden Ansicht zum Gewahrsamsproblem auch nicht vermeidbar gewesen, S. 783. Ich halte es allerdings grundsätzlich für äußerst bedenklich, im Rahmen des Klageerzwingungsverfahrens auf Verbotsirrtum abzustellen. Die Frage, ob ein Täter in der konkreten Situation über das strafbewährte Verbot seines Tuns irrte und insbesondere, ob er in seiner Situation diesen Irrtum vermeiden konnte, sollte besser innerhalb einer Hauptverhandlung geklärt werden. Der für die Erhebung der Klage vorausgesetzte hinreichende Tatverdacht, der gegeben ist, wenn die Verurteilung mit hinreichender Wahrscheinlichkeit zu erwarten ist, vgl. Kleinknecht/Meyer-Goßner, StPO, § 170, Rn. 1, kann hierbei nicht ohne weiteres verneint werden. Das KG hätte daher nach Bejahung der Tatbestandsmäßigkeit und Rechtswidrigkeit des Verhaltens der Ärzte gem. § 175 StPO mit guten Gründen die Erhebung der öffentlichen Klage beschließen können.

413 Vgl. dazu Albrecht, S. 44 ff; Carstens, S. 133; Roesch, VersR 70, S. 1086 ff; Westermann, FamRZ 73, S. 616 ff;

414 LK-Dippel, § 168, Rn. 31. Dies wird in der Darstellung oft nicht klar genug von einander abgegrenzt.

415 von Bubnoff, GA 68, S. 73; Laufs, VersR 72, S. 8.

zu, ist er mit dem Gewahrsamsverlust einverstanden; sein Gewahrsam wird daher nicht gebrochen. Unabhängig von der Frage der Berechtigung für seine Einwilligung, ist eine Wegnahme zu verneinen.
Für die Rechtswidrigkeitsprüfung im Rahmen des § 168 StGB bieten daher nur die Fälle Raum, in denen der Totenfürsorgeberechtigte nicht gefragt wurde oder eine Entnahme von Organen[416] bzw. eine Sektion abgelehnt hat.

Entspricht die Entnahme dem Willen des Verstorbenen, nicht aber dem Willen des Totenfürsorgeberechtigten, so liegt zwar eine Wegnahme vor, diese ist aber aufgrund der Einwilligung des Verstorbenen nach allgemeiner Ansicht gerechtfertigt[417].
Die Einwilligung des Verstorbenen rechtfertigt den Eingriff selbstverständlich nur, wenn die Voraussetzungen für eine solche auch zum Zeitpunkt der Einwilligung erfüllt waren. Dazu muß der Verstorbene hinreichend aufgeklärt worden sein; er muß einwilligungsfähig gewesen sein. Ebenso hat die Einwilligung frei von Willensmängeln zu erfolgen. Insbesondere muß sie frei von äußerem - auch nur vermeintlichen - Zwang erfolgt sein[418].
Eine Rechtfertigung aufgrund des Willens des Verstorbenen entgegen dem Willen des Totenfürsorgeberechtigten scheint auf dem ersten Blick nicht mit dem Rechtsgut des § 168 StGB, der Pietät, vereinbar, welches auf den Schutz der Pietätsinteressen der Angehörigen bzw. jener der Allgemeinheit abstellt.
Hierbei erhält aber das fortwirkende Persönlichkeitsrecht und das sich davon ableitende Selbstbestimmungsrecht über den eigenen Körper auch über den Tod hinaus entscheidende Bedeutung:
Wenn auch das Rechtsgut des § 168 StGB die zu schützenden Interessen aus der Pietät sind, so rechtfertigt sich ihr Schutz doch im wesentlichen heute aus der Pflicht zur Beachtung der Menschenwürde und des Persönlichkeitsrechts des Toten. Der Verstorbene selbst kann nicht Rechtsgutsträger sein, aber der Schutz seiner fortwirkenden Rechte schlägt sich in den Schutzbereich der Pietät nieder[419]. Fungiert der Totenfürsorgeberechtigte als Sachwalter für den Willen des Verstorbenen[420], so ist der Inhalt der geschützten Interessen durch die Interessen des Verstorbenen bestimmt. Dies heißt aber, tangiert die Ent-

416 Die Frage der Rechtfertigung bleibt trotz Regelung des Bereichs durch das TPG auch für die Transplantationsproblematik relevant, vgl. oben, § 1, C..
417 Für alle LK-Dippel, § 168, Rn. 30 m.w.N..
418 Vgl. Samson, NJW 74, S. 2031. Samson hält aus der Befürchtung eines subjektiv empfundenen Drucks die Befragung des Patienten über die Einwilligung in der Klinik für nicht möglich.
419 Vgl. auch Haas, NJW 88, S. 2930.
420 Vgl. oben, § 5, A. I. 2. a).

nahme nicht das postmortale Selbstbestimmungsrecht des Verstorbenen über seinen Körper, so tangiert diese Entnahme auch nicht den durch die Pietät geschützten Bereich, welcher gerade auf dem Gefühl persönlicher Verbundenheit mit dem Verstorbenen beruht[421].
Insoweit geht der Wille des Verstorbenen dem Willen des Totenfürsorgeberechtigten vor[422].

Zu fragen bleibt daher, ob eine Rechtfertigung der Wegnahme von Leichenteilen ohne oder gegen den Willen des Verstorbenen gerechtfertigt sein kann. Hierbei haben sich, jenachdem, ob eine Sektion oder eine Explantation Gegenstand der Diskussion ist, wie nun aufzuzeigen ist, unterschiedliche Ansatzpunkte für die Begründung einer Rechtfertigung entwickelt.

B. Die Entnahme ohne Willensäußerung des Verstorbenen

I. Mutmaßliche Einwilligung

Eine denkbare Möglichkeit, auch ohne den erklärten Willen des Verstorbenen zu einer Rechtfertigung der Wegnahme zu gelangen, könnte sich aus der Möglichkeit der Annahme einer mutmaßlichen Einwilligung des Verstorbenen[423] ergeben.
Die mutmaßliche Einwilligung setzte allerdings zumindest Umstände voraus, die eine tatsächliche Einwilligung des betreffenden nahelägen[424].
Solche Umstände sind aber in den meisten Fällen nicht gegeben:
Die Entnahme von Leichenteilen ist ausschließlich fremdnützig, sie kann daher nicht mit den Fällen der Interessenfürsorge verglichen werden[425].
Letztendlich liefe die Annahme einer mutmaßlichen Einwilligung auf eine Spekulation des nicht zum Ausdruck gekommenen Willen hinaus[426]. Insbe-

---

421 Samson, a.a.O..

422 So auch Gucht, JR 73, S. 234.

423 Bzw. für den zivilrechtlichen Bereich anläßlich der Entnahme eine solche der Angehörigen.

424 Stentenbach, S. 79; a.A. Bucher in Largiader, S. 81, Fn. 23; die Organentnahme sei wegen vermuteter Einwilligung so lange zulässig, als die Berechtigten gegen den Eingriff nichts einzuwenden hätten; ähnlich Kaiser in Göppinger, S. 80.

425 Vgl. Geilen, JZ 71, S. 46, Fn. 38.

426 Albrecht, S. 79, weist darauf hin, daß der Verstorbene zu Lebzeiten eine entschiedene Abneigung gegen die Organentnahme entwickelt haben, diese aber der Nachwelt aus nicht bekannten Gründen verschwiegen haben könnte.

sondere widerspricht eine solche Annahme dem aus dem fortwirkenden Persönlichkeitsrecht und der Menschenwürde abzuleitenden postmortalen Selbstbestimmungsrecht über den eigenen Körper. Denn dieser Grundsatz geht von einer ablehnenden Haltung zu Eingriffen in die Unversehrtheit des Leichnams aus, soweit ein anderer Wille nicht geäußert wurde:
"*Wie sich das Gebot, die Menschenwürde zu achten, in der Gewähr körperlicher Unversehrtheit konkretisiert, so enthält jenes das grundsätzliche Verbot, den Leichnam anzutasten*[427]."

Hat sich der Verstorbene nicht geäußert, kann daher nur von dem Totenfürsorgeberechtigten eine Einwilligung eingeholt werden[428].

II. Fingierte Einwilligung des Verstorbenen durch Allgemeine Vertragsbedingungen von Krankenhäusern

Eine weitere Möglichkeit, die Entnahme von Organen bzw. die Sektion ohne den Willen des Verstorbenen zu rechtfertigen, könnte über die Einbeziehung von Allgemeinen Vertragsbedingungen (AVB) anläßlich des Abschlusses eines Krankenhausaufnahmevertrages erreicht werden.
Hierbei ist wiederum zu beachten, daß die Diskussion über die Zulässigkeit von Sektions- bzw. Transplantationsklauseln im wesentlichen im zivilrechtlichen Bereich stattfindet. Für diese strafrechtliche Untersuchung bestehen keine Bedenken, wenn in den AVB auf die tatsächliche Einwilligung der Angehörigen abgestellt wird; denn dann erfüllt die Entnahme, wie bereits erörtert, mangels Wegnahme nicht den Tatbestand des § 168 StGB.
Gegen die Regelung zur Obduktion in § 13 der Empfehlungen für AVB[429], die die Deutsche Krankenhausgesellschaft am 18.12.1985 beim Bundes-

---

427 Laufs, VersR 72, S. 8.

428 Eine mutmaßliche Einwilligung der Angehörigen im zivilrechtlichen Bereich, scheitert in den meisten Fällen bereits an der bestehenden Möglichkeit, eine ausdrückliche Einwilligung zu erlangen, vgl. LG Bonn, JZ 71, S. 56, 58 f; von Bubnoff, GA 68, S. 74.

429 § 13 AVB lautet:

(1) Eine Obduktion kann vorgenommen werden, wenn
1. der Verstorbene zu Lebzeiten eingewilligt hat oder
2. der erreichbare nächste Angehörige (Absatz 3) des Verstorbenen, bei gleichrangigen Angehörigen einer von ihnen, einwilligt und dem Krankenhausarzt ein entgegenstehender Wille des Verstorbenen nicht bekannt geworden ist.

(2) Von der Obduktion ist abzusehen bei Verstorbenen, die einer die Obduktin ablehnenden Gemeinschaft angehören, sofern nicht der Verstorbene zu Lebzeiten eingewilligt hat.

kartellamt angemeldet hat[430], bestehen daher aus strafrechtlicher Sicht keine Bedenken. Es wurde mit der Regelung lediglich im zivilrechtlichen Bereich vertraglich versucht abzusichern, daß neben der Einwilligung des Verstorbenen auch die tatsächliche Einwilligung der Angehörigen die Obduktion rechtfertigt.

Eine Regelung, die auf die ausdrückliche Einwilligung des Patienten bzw. auf jene der Angehörigen abstellt, wird allerdings von Seiten der Krankenhäuser als nicht ausreichend angesehen.
Neben den sich aufdrängenden Gründen des Taktes sprächen insbesondere auch medizinische und psychologische Erwägungen dagegen, jeden Patienten bei der Einlieferung oder krisenhafter Gesundheitsverfassung nach seiner Einwilligung in die Sektion zu fragen[431]. Der Patient soll nicht das Gefühl bekommen, bereits aufgegeben worden zu sein.
Ähnliche Bedenken bestehen auch gegenüber den Angehörigen, denen eine Entscheidung darüber im Zweifel erst anläßlich der Todesnachricht nicht zugemutet werden könne[432].
Daher sehen viele AVB weitergehendere Regelungen vor.
Die Sektionsklausel der Medizinischen Hochschule Hanover hat folgenden Wortlaut:

"*Innere Leichenschau*

Eine klinische Sektion (innere Leichenschau) wird durchgeführt, wenn der Leiter der Abteilung, in der der Kranke verstorben ist, oder der Direktor des Pathologischen Institutes der Medizinischen Hochschule Hanover dieses unter angemessener Würdigung eventueller Bedenken des Ehegatten, der Kinder oder der Eltern aus ärztlichen, wissenschaftlichen oder seuchenhygienischen Gründen für erforderlich hält und der Verstorbene vor seinem Tode eine Sektion nicht ausdrücklich abgelehnt hat. Sie unterbleibt, wenn von den näch-

---

(3) Nächste Angehörige im Sinne des Abs. 1 sind der Reihe nach der Ehegatte, die volljährigen Kinder (und Adoptivkinder), die Eltern (bei Adoption jedoch die Adoptiveltern vor den Eltern), die Großeltern, die volljährigen Enkelkinder, die volljährigen Geschwister.

(4) Die Abs. 1 und 2 finden keine Anwendung bei einer Obduktion, die aufgrund einer gesetzlichen Ermächtigung von der zuständigen Behörde angeordnet ist.

430 Die Bekanntmachung des BKartA vom 2.01.1986 wurde veröffentlicht im Bundesanzeiger vom 15.01.1986, Nr. 9, S. 415 ff.

431 Vgl. Bunte, NJW 86, S. 2354; Zimmermann, NJW 79, S. 569; dem zustimmend OLG Koblenz, NJW 89, S. 2953.

432 Zimmermann, NJW 79, S. 570.

sten Angehörigen innerhalb von 15 Stunden nach Ableben Einspruch erhoben wird."

Eine entsprechende Regelung der Transplantation hat sich dagegen nicht durchsetzen können, da sie im Rahmen der Allgemeinen Geschäftsbedingungen, aufgrund der Ausrichtung des Vertrages auf die Heilung des Patienten, für nicht mit diesem vereinbar gehalten wird[433].
Hieraus erklärt sich auch, daß nur die Sektion Gegenstand der Diskussion über die Aufnahme von diesbezüglichen Klauseln in die AVB ist.

Anläßlich der Revision im Unterlassungsverfahren nach § 13 AGBG hatte der BGH folgende Regelung aus Krankenhausaufnahmeverträgen mit Krankenhausbenutzern aus dem gesamten Ballungsraum des Rhein-Main-Gebietes an § 9 Abs. 1 AGBG zu überprüfen[434]:

"*§ 15 Innere Leichenschau*

(1) Die innere Leichenschau kann vorgenommen werden, wenn sie zur Feststellung der Todesursache aus ärztlicher Sicht notwendig ist oder wenn ein wissenschaftliches Interesse besteht.

(2) Von der inneren Leichenschau ist abzusehen, wenn ihr die verstorbene Person zu Lebzeiten widersprochen hat. Hat die verstorbene Person der inneren Leichenschau nicht ausdrücklich zugestimmt, darf sie erst nach Ablauf von acht Tagesstunden vorgenommen werden (Tagesstunden sind die Stunden von 7.00 bis 22.00 Uhr). Widersprechen der Ehegatte, die volljährigen Kinder, die Eltern oder die Geschwister der verstorbenen Person oder ihr gesetzlicher Vertreter innerhalb der genannten Frist, so ist von der Leichenschau abzusehen; bis zu ihrer Vornahme ist auch ein nach Fristablauf eingegangener Widerspruch zu berücksichtigen. Bestehen unter den widerspruchsberechtigten Personen Meinungsverschiedenheiten, so geht der Wille des Ehegatten dem der volljährigen Kinder, (...) vor. Bei Meinungsverschiedenheiten unter widerspruchsberechtigten Personen gleichen Grades ist von der inneren Leichenschau abzusehen.

433 Vgl. dazu Bunte, NJW 86, S. 2351 ff.
434 BGH NJW 90, S. 2313; Revision zu OLG Koblenz, NJW 89, S. 2950; Berufungsurteil zu LG Mainz, VersR 88, S. 724 ff.

(3) Absatz 2 gilt nicht, wenn besondere gesetzliche Bestimmungen die innere Leichenschau vorschreiben[435].

(4) Die innere Leichenschau wird unter Beachtung der Erfurcht vor dem toten Menschen vorgenommen und auf das notwendige Maß beschränkt.

(5) (...)."

Der wesentliche Unterschied dieser Regelungen zu den Empfehlungen der Deutschen Krankenhausgesellschaft besteht darin, daß hier auch eine Sektion zulässig ist, der weder vom Patienten noch, nach Versterben, von den Angehörigen zugestimmt wurde.
Nicht die ausdrückliche Einwilligung, sondern das Fehlen jeglichen ausdrücklichen Widerspruchs des Verstorbenen bzw. der Angehörigen eröffnet die Möglichkeit einer Sektion.
In Hinblick auf die strafrechtliche Problematik bedeutet dies eine Umkehrung des Grundsatzes, bei Schweigen des Verstorbenen von einer ablehnenden Haltung zur Sektion auszugehen[436]. Eine derartige Regelung läuft daher auf eine reine Fiktion der Einwilligung hinaus[437].

Wenn dieser Umstand allein aus strafrechtlicher Sicht bereits erhebliche Bedenken dahingehend auslöst, ob damit den Erfordernissen einer rechtfertigenden Einwilligung genüge getan sein kann, so kommt eine Rechtfertigung bereits dann nicht in Betracht, wenn die Aufnahme von derartigen Klauseln in Allgemeinen Geschäftsbedingungen aus zivilrechtlicher Sicht unzulässig ist.

Allgemeine Geschäftsbedingungen sind nur im zivilrechtlichen Bereich zulässig. Eine Charakterisierung des Krankenhausaufnahmevertrages als öffentlich-rechtlicher Vertrag würde daher bereits gegen die Wirksamkeit der in Rede stehenden AVB sprechen.
Mit dem BGH[438] und dem BSG[439] ist aber davon auszugehen, daß das "Dreiecksverhältnis Krankenkasse-Krankenhaus-Kassenpatient in einem einheitlichen zivilrechtlichen Vertrag eingebettet zu sehen[440]" ist.

---

435 Hierzu vgl. unten, § 6, C. I. 1. und 2..
436 Vgl. oben, § 6, B. I..
437 So auch Linck, JZ 73, S. 760.
438 BGH NJW 84, S. 1821.
439 BSG E 53, 62, 64.
440 BGH, a.a.O.; vgl. auch Ehlers, MedR 91, S. 229 m.w.N..

Mit dem BGH ist auch davon auszugehen, daß ein Vertrag zwischen Krankenhaus und Patient entsteht, und nicht ein solcher zwischen Krankenhaus und Krankenkasse i.S.d. § 328 BGB[441].
Grundsätzlich sind also AVB zur Gestaltung des Krankenhausaufnahmevertrages anwendbar.

Eine Wirkung der AVB kann sich gegenüber dem Patienten nur dann entfalten, wenn diese in den Vertrag i.S.d. § 2 AGBG einbezogen wurden.
Nach Bunte[442] setzt eine gem. § 2 AGBG wirksame Einbeziehung voraus, daß der Patient einen formularmäßigen Aufnahmeantrag ausfüllt, in dem er die Aufnahme in das Krankenhaus zu den in den AVB niedergelegten Bedingungen beantragt. Weiter bestätigt der Patient in dem Antrag, auf die AVB und den Tarif ausdrücklich hingewiesen worden zu sein, die Möglichkeit zumutbarer Kenntnisnahme gehabt zu haben, mit den AVB einverstanden zu sein und bestimmte Unterlagen erhalten zu haben.
Eine Einbeziehung scheidet daher immer dann aus, wenn der Patient als Unfallopfer bewußtlos, oder nicht ansprechbar, und ohne Wissen der Angehörigen in das Krankenhaus eingeliefert wurde[443]. Zumindest die Angehörigen müssen den Aufnahme-antrag ausgefüllt haben, damit eine Wirksamkeit der AVB und damit der darin enthaltenen Sektionsklausel überhaupt denkbar ist.

Sind die AVB im Sinne des § 2 AGBG in den Vertrag einbezogen, müssen auch die einzelnen Regelungen vor dem AGBG bestand haben.
Der BGH hat mit OLG Koblenz[444] die zitierte Sektionsklausel für mit dem AGBG vereinbar gehalten[445]. Hierbei ist zunächst zu berücksichtigen, daß Gegenstand der Entscheidung eine sog. Kontrollklage nach § 13 AGBG war. Im Rahmen der Kontrollklage kann die Überprüfung einer Klausel nur zur Wirksamkeit nach §§ 9-11 AGBG erfolgen[446].

---

441 Ein solcher Vertrag zugunsten des Patienten brächte erhebliche Probleme bei der Einbeziehung der AVB mit sich. Die Regelungen sollen ja gerade zwischen Krankenhaus und Patient Wirksamkeit erlangen. Eine Regelung zu Lasten des Patienten, wie sie die Sektionsklausel ohne Zweifel darstellt, kann aber nicht wirksam in einem Vertrag Zwischen Krankenhaus und Krankenkasse geschlossen werden, vgl. Bunte, NJW 86, S. 2352.

442 Bunte, a.a.O..

443 So auch Zimmermann, NJW 79, S. 569.

444 OLG Koblenz, a.a.O..

445 A.A. OLG Hamm, VersR 83, S. 1131; KG Berlin NJW 90, S. 782, 783.

446 So der Wortlaut des § 13 Abs. 1 AGBG. Dies entspricht auch der Gesetzessystematik, die zwischen unwirksamen Klauseln gem. §§ 9-11 AGBG und solchen unterscheidet, die nicht Vertragsbestandteil geworden sind, §§ 2-4 AGBG; vgl. BGH NJW 90, S. 2313, 2314; BGHZ 101, 307, 315 und Stentenbach, S. 127; a.A. OLG Stuttgart, NJW 81, S. 1105, 1106; OLG Hamm, NJW RR 86, S. 927, 928. Das LG Mainz, VersR 88, S. 724 ff, kam zur

Eine Überprüfung in Bezug auf § 3 AGBG lag dieser Entscheidung daher nicht zugrunde.
Bevor aber die Wirksamkeit der Sektionsklausel an § 9 AGBG überprüft werden kann und es einer Stellungnahme zu der Argumentation des BGH und des OLG Koblenz bedarf, ist die Sektionsklausel zunächst an § 3 AGBG zu überprüfen.
Die sich gegen die Anwendbarkeit der Sektionsklauseln richtende Literatur stellt denn auch insbesondere darauf ab, daß derartige Klauseln ungewöhnlich und überraschend i.S.d. § 3 AGBG seien und somit als unangemessene Klausel nicht Vertragsbestandteil würden, da der Vertragspartner nicht mit ihnen zu rechnen brauche[447].

Bunte[448] ist der Ansicht, ein Todesfall im Krankenhaus liege nicht außerhalb der objektiven Wahrscheinlichkeit, so daß ein Patient bei Vertragsunterzeichnung durchaus damit rechnen könne, daß in den AVB eine Regelung zur Obduktion enthalten sei.

Einer solchen Argumentation stehen erhebliche Bedenken gegenüber.
Die Sektionsklausel ist eingebettet in eine Vielzahl von Bestimmungen, die überwiegend technische, mit dem Aufenthalt im Krankenhaus zusammenhängende Fragen betreffen, nicht aber die Persönlichkeit des Patienten. Zudem ist der Text meist in kleinem Druck und ohne jede Hervorhebung. Schon nach dem äußeren Erscheinungsbild ist eine Sektionsklausel daher ungewöhnlich[449].
Daß in einem Krankenhausbehandlungs- bzw. -aufnahmevertrag eine Regelung für den Fall des Todes enthalten ist, muß zumindest für den Teil der Patienten, die ihren Tod überhaupt nicht in Betracht ziehen, überraschend sein[450]. Selbst wenn der Patient die Klausel liest, ist sie sprachlich so gefaßt, daß ihm meist nicht klar sein wird, daß er durch Schweigen rechtserheblich einer Sektion zustimmt[451].

Unzulässigkeit der Klausel, da es fälschlich von der Überprüfbarkeit der Klausel an § 3 AGBG im Rahmen der Kontrollklage ausging.

447 So Deutsch, NJW 90, S. 2315; Haas, NJW 88, S. 2933; Zimmermann, NJW 79, S. 569 f; Gucht, JR 73, S. 234 f; Trockel, S. 113; Stentenbach, S. 128; in der Rechtsprechung wird dem gefolgt von KG Berlin NJW 90, S. 782, 783; LG Mainz VersR 88, S. 724 ff; a.A. Bunte, NJW 86; S. 2354.

448 Bunte, a.a.O..

449 So auch Zimmermann und Deutsch, a.a.O..

450 Vgl. Zimmermann, a.a.O..

451 Ebenso Deutsch, a.a.O.; Stentenbach, S. 128, Fn. 92.

Der Patient will gesund werden und nicht sterben, so daß er normalerweise auch nicht mit einer Sektionsklausel rechnet[452].
Im Hinblick auf den Überraschungseffekt kommt es aber auf die Verständnismöglichkeit des zu erwartenden durchschnittlichen Vertragspartners an[453].

In den meisten Fällen ist daher davon auszugehen, daß eine Sektionsklausel wegen § 3 AGBG nicht Vertragsbestandteil wird.

Sollte die Sektionsklausel doch einmal Vertragsbestandteil werden, müßte eine solche Klausel auch wirksam sein, dürfte also insbesondere nicht gegen § 9 AGBG verstoßen.

Nach OLG Koblenz[454] ergibt sich die Angemessenheit der Sektionsklausel im Sinne des § 9 AGBG aus der Abwägung der Interessen des Verstorbenen auf der einen und der medizinischen Wissenschaft auf der anderen Seite. Dem fortwirkenden Persönlichkeitsrecht des Verstorbenen sei das Interesse an einer ausreichenden Anzahl von Leichen als Gegenstand von Forschung, Lehre und Studium gegenüberzustellen, wobei den Interessen der medizinischen Wissenschaft das entscheidende Gewicht zukomme. Derartige wichtige Gemeinschaftsbelange, die letztendlich der Entwicklung und dem Fortbestand der Medizin, also der öffentlichen Gesundheitssorge dienten, seien im Rahmen des § 9 AGBG zu berücksichtigen. Die Klausel sei dazu geeignet, eine hinreichende Anzahl von Einverständniserklärungen zu erhalten. Sie sei nicht bereits deshalb unverhältnismäßig und unangemessen, weil eine ausreichende Anzahl von Sektionen über ausdrücklich erlangte Einwilligungen zu erhalten wären. Aus Gründen des Takts sowie aus medizinisch psychologischen Erwägungen könne nicht jeder Patient bei seiner Einlieferung bzw. im Sterben liegend nach seiner Einwilligung zu einer Sektion befragt werden. Sektionsklauseln seien daher nach lebensnaher Betrachtung im Grunde der einzige Weg zur Erreichung einer rechtlichen Absicherung.
Die Regelung stehe auch nicht außerhalb des inneren Zusammenhangs mit dem Krankenhausaufnahmevertrag. Zwar kämen dem Patienten die durch seine Sektion gewonnenen Erkenntnisse nicht mehr zugute. Der Zusammenhang bestehe aber darin, daß der Patient bei Abschluß des Krankenhausaufnahmevertrages die Dienste der fortschreitenden Medizin, die auf die wissenschaft-

---

452 Vgl. Gucht und Haas, a.a.O..
453 Ehlers, MedR 91, S. 230 mit Verweis auf BGH NJW 85, S. 848, 849.
454 OLG Koblenz, NJW 89, S. 2952 f.

lichen Aufschlüsse umfassender Sektionen unbestritten angewiesen sei, in Anspruch nehmen wolle und, sobald seine Behandlung beginne, auch in Anspruch nehme[455].

In der Tat können die Interessen der medizinischen Wissenschaft an einer ausreichenden Anzahl von Sektionsmöglichkeiten zur Vervollkomnung des medizinischen Wissens nicht hoch genug eingeschätzt werden[456].

Daß das postmortale Selbstbestimmungsrecht des Verstorbenen über seinen Körper nicht grundsätzlich unangreifbar ist, sondern auch hinter Allgemeininteressen zurücktreten muß, zeigen insbesondere die noch zu erörternden gesetzlichen Regelungen zur Leichenöffnung[457], wie z.B. §§ 87 - 91, 159 StPO oder § 32 Abs. 3 S. 2 BSeuchenG.
Diese Regelungen beziehen sich allerdings auf eine bestimmte Leiche. Zur Erweiterung des medizinischen Wissens durch Sektionen bedarf es dagegen nicht einer bestimmten Leiche. Andere Leichen können vielmehr denselben Zweck erfüllen[458]. Haas[459] verweist darauf, daß "eine bestimmte Leiche auch nicht in Anspruch genommen werden kann", denn auch sonst werde dem Einzelnen von der Rechtsordnung nicht zugemutet, seine persönlichen Interessen für das Gesamtinteresse zu opfern, wenn das Gemeinwohl ebensogut mit gleichartigen Rechtsgütern anderer geschützt sei.
Ganz überzeugend ist dies allerdings nicht, denn innerhalb der Prüfung eines rechtfertigenden Notstandes, welcher ebenfalls eine Aufopferung des durch die Rettungshandlung betroffenen Rechtsgutes hinnimmt[460], kommt von mehreren gleichgeeigneten Rettungsmitteln für die Rechtfertigung jedes für sich in Betracht.

455 BGH NJW 90, S. 2313, 2315.

456 Es ist daher um so unverständlicher, daß der Gesetzgeber bis heute nicht dazu in der Lage war, eine gesetzliche Regelung für die Zulässigkeit einer klinischen Sektion herbeizuführen. Für die Notwendigkeit einer gesetzlichen Regelung auch Linck, JZ 73, S. 760, und Franzki, MedR 91, S. 227, der insbesondere darauf hinweist, daß der Bund nur bei einer strafrechtlichen Regelung Gesetzgebungskompetenz besäße, eine gesundheitsrechtliche Regelung aber in die Gesetzgebungskompetenz der Länder fiele.

457 Vgl. unten, § 6, C. I. 1. und 2..

458 Zimmermann, NJW 79, S. 573, sieht als individuellen Anknüpfungspunkt dagegen den Umstand, daß der Verstorbene sich in das Krankenhaus begeben hatte, um seine Krankheit unter Inanspruchnahme der auf den modernen medizinischen Erkenntnissen basierenden Methoden behandeln zu lassen. Wenn schon derjenige eine Sektion hinnehmen müsse, der möglicherweise an einer ansteckenden Krankheit litt, so gelte dies in noch größerem Maße für denjenigen, der sich der ihm bereitgestellten Leistungen bediene, um durch die Sektion zu deren Verbesserung beizutragen. Er übersieht dabei allerding, daß die Sektion nach § 32 Abs. 3 S. 2 BSeuchenG gerade gesetzlich geregelt, ein derartiger Eingriff also völlig anders legitimiert ist.

459 Haas, NJW 88, S. 2932.

460 Vgl. unten, § 6, D..

Die Bedenken gegen die Wirksamkeit von Sektionsklauseln ergeben sich aber aus einem ganz anderen Umstand.
Die überragenden Interessen der Allgemeinheit werden angeführt, um zu begründen, warum eine rechtliche Absicherung notwendig ist, um den tatsächlichen Willen des Patienten umgehen zu können. Nicht das verfolgte Interesse führt zur Unangemessenheit einer solchen Klausel, sondern die Art und Weise, wie die Einwilligung fingiert wird, läßt Zweifel an der Vereinbarkeit solcher Klauseln mit § 9 AGBG aufkommen.
Der Sinn von Allgemeinen Geschäftsbedingungen liegt darin, dem Verwender Erleichterung zu verschaffen, indem ihm die Notwendigkeit erlassen wird, für eine Vielzahl gleichgearteter Verträge jede einzelne Regelung individuell auszuhandeln. Sie dient der Erleichterung des vertraglichen Alltags, nicht aber der Verschleierung des tatsächlichen Regelungsinhalts.
Durch die Sektionsklausel wird ein Persönlichkeitsrecht zur Disposition gestellt und durch Schweigen soll darüber disponiert werden[461]. Der Patient soll nicht alzu deutlich auf sein Recht hingewiesen werden, wird aber in eine Situation hineinmanövriert, in der sein Verhalten, oder besser sein Nichtverhalten, als Ausübung dieses Rechts gewertet wird[462]. Ihm steht für seinen Widerspruch nicht einmal ein Formular zur Verfügung und den Angehörigen wird das Widerspruchsrecht in keiner Weise bekannt gemacht[463].

Wer damit argumentiert, einem Patienten dürfe die Frage nach einer Sektion im Todesfall nicht zugemutet werden, der geht gerade davon aus, daß der Patient die Sektionsklausel in den AVB nicht zur Kenntnis nimmt. Ein Umstand, den das LG Bonn sogar als unsittlich bezeichnet hat[464].

Im übrigen entbehrt das Unzumutbarkeitsargument jeder Grundlage. Die bisherigen Erfahrungen der Praxis sprechen dagegen. Die Angehörigen, die befragt werden, stimmen überwiegenend z.B. Explantationen zu und scheinen durch den Gedanken, noch etwas Gutes zu tun, Erleichterung für ihr schweres Schicksal zu finden[465]. Warum sollte auf diese Weise eine Zustimmung für Sektionen nicht erreichbar sein?

---

461 Dies kritisiert insbesondere Deutsch, NJW 90, S. 2315.

462 Ebenso Zimmermann, NJW 71, S. 570.

463 Deutsch, a.a.O.. Deshalb plädiert Franzki, MedR 91, S. 226, für die Aushändigung eines speziellen Merkblattes, das damit auch in die Hände der Angehörigen gelangen könne. Ein Beispiel für ein derartiges Merkblatt ist auf S. 227 dem Vortragsabdruck beigefügt. Weitere Beispiele für mögliche Formulare bei Schlaudraff, MedR 91, S. 252.

464 LG Bonn, JW 28, S. 2294, 2295.

465 So insesondere Deutsch, Medizinrecht, Rn. 512.

Die vom OLG Koblenz festgestellte und vom BGH bestätigte Geeignetheit der Regelung, von möglichst vielen Patienten eine Einverständniserklärung für eine Sektion zu erhalten, basiert darauf, daß die Patienten tatsächlich nicht einwilligen müssen!

Aber auch wenn der Patient von der Regelung Kenntnis nimmt, ist der Widerspruch keine angemessene Form zur Gestaltung des Rechtsverhältnisses anläßlich der stationären Behandlung in einem Krankenhaus.
Dem Patienten wird dadurch zu verstehen gegeben, daß der Normalfall die Zustimmung zur Sektion ist. Man verlangt also von ihm bei entgegenstehendem Willen, daß er sich zu einem Widerspruch gegen den Regelbetrieb der Klinik[466] entschließt, und zwar gegenüber denjenigen, von denen er sich Hilfe erhofft.

Nach alledem sind Sektionsklauseln in der Weise, wie sie derzeit in den AVB benutzt werden, unangemessen i.S.d. § 9 AGBG.

Eine wirksame Regelung kann daher nur durch ausdrücklichen Hinweis auf eine Sektionsklausel erreicht werden, um ihr den Überraschungcharakter und die Heimlichkeit zu nehmen[467].
Wenn es aus Taktgründen bzw. aus medizinisch psychologischen Erwägungen heraus Bedenken gegenüber ein Gespräch über die Einwilligung mit dem Patienten gibt, so greifen diese Bedenken erst recht gegenüber einer vorgedruckten Regelung, mit der der Patient allein gelassen wird.
Konsequent kommt es daher in einem solchen Fall auf den Willen der Angehörigen als Totenfürsorgeberechtigte an.
Fehlt es an einer Einwilligung durch den Verstorbenen, so kann eine Rechtmäßigkeit der Sektion durch Einwilligung nur über ein mit Takt und Überzeugungskraft geführtes Gespräch mit den Angehörigen erreicht werden[468]. Zumindest muß verlangt werden, daß den Angehörigen in zumutbarer Weise die AVB zugänglich gemacht werden[469].

Für § 168 StGB folgt daraus, daß ohne ausdrückliche Einwilligung eine solche nur in absoluten Ausnahmefällen fingiert werden kann, so daß zur Vermeidung der Strafbarkeit durch ausdrückliche Einwilligung seitens der

---

466 Deutsch, NJW 90, S. 2315.
467 So auch Stentenbach, S. 127 unter Hinweis auf Haas und Gucht, a.a.O..
468 Ebenso Haas, Fn. 37.
469 So Gucht, JR 73, S. 235.

totenfürsorgeberechtigten Angehörigen eine Wegnahme umgangen werden muß.

C. Entnahme gegen den Willen des Verstorbenen

I. Öffentlich-rechtliche Vorschriften

Rechtfertigungsgründe zur Durchführung einer Sektion ergeben sich auch gegen den Willen des Verstorbenen oder seiner Angehörigen aus öffentlich-rechtlichen Vorschriften.

1. Leichensachen gem. §§ 87 - 91, 159 StPO

Verstirbt eine Person und sind Anhaltspunkte dafür gegeben, daß sie eines nicht natürlichen Todes gestorben ist, sind Polizei- und Gemeindebehörden zur sofortigen Anzeige an die Staatsanwaltschaft oder an das Amtsgericht verpflichtet, § 159 Abs. 1 StPO[470]. Die Staatsanwaltschaft muß aufgrund der Anzeige entscheiden, ob ein Ermittlungsverfahren durchgeführt werden soll. Sie hat bei Kenntnisnahme von dem Verdacht einer Straftat gem. § 160 StPO den Sachverhalt zu erforschen. Die Einleitung eines Strafverfahrens muß und darf dabei nach § 152 Abs. 2 StPO nur geschehen, wenn "zureichende tatsächliche Anhaltspunkte" für eine verfolgbare Straftat vorliegen. Dieser sogenannte einfache Tatverdacht verlangt Tatsachen, die eine strafgerichtliche Verurteilung sowohl strafrechtlich als auch strafprozessual als zumindest möglich erscheinen lassen[471].

Die dieser Vorprüfung dienende Leichensache i.S.d. § 159 StPO ist strafprozeßrechtlich ein besonders geartetes Verfahren im Vorfeld des eigentlichen Ermittlungsverfahrens[472].

---

470 Die gleiche Pflicht trifft die Behörden beim Auffinden eines Unbekannten. Dadurch soll allerdings die Identifizierung erreicht werden, die Anzeigepflicht führt also nicht zu einer Sektion.

471 Geerds, MedR 84, S. 173.

472 Ebenda.

Die Staatsanwaltschaft hat durch Leichenschau und Leichenöffnung[473] zu ermitteln, ob der Verdacht einer strafbaren Handlung besteht[474].

Für das "Wie" einer Leichenschau und einer Leichenöffnung enthält die StPO detaillierte Vorschriften in §§ 87 - 91 StPO:
Sofern nicht die Gefährdung des Untersuchungserfolges durch Verzögerung zu besorgen ist, erfolgt die Leichenöffnung auf Anordnung durch den Richter[475] und im Beisein der Staatsanwaltschaft, auf deren Antrag im Beisein des Richters, § 87 Abs. 2, Abs. 4 StPO. Die Leichenöffnung wird durch zwei Ärzte vorgenommen, von denen einer Gerichtsarzt sein muß oder Leiter eines öffentlichen gerichtsmedizinischen oder pathologischen Instituts oder ein von diesem beauftragter Arzt des Instituts mit gerichtsmedizinischen Fachkenntnissen, § 87 Abs. 2 StPO.
Die Leichenöffnung muß sich stets auf die Öffnung der Kopf-, Brust- und Bauchhöhle erstrecken, § 89 StPO. Die Technik der Sektion entspricht dabei den in der Pathologie üblichen Sektionsmethoden[476].
Das Ergebnis einer derartigen Leichenöffnung ist für den Staatsanwalt entweder Freigabe des Leichnams zur Beerdigung gem. § 159 Abs. 2 StPO oder die Einleitung eines Strafverfahrens gem. § 160 Abs. 1 StPO zur Klärung, ob "hinreichender Tatverdacht" besteht[477], der zur Anklageerhebung nach § 170 Abs. 1 StPO zwingt, weil eine Verurteilung strafrechtlich und strafprozessual, insbesondere auch beweismäßig, nun zumindest als überwiegend wahrscheinlich anzusehen ist[478].

Ihren Rechtfertigungscharakter erhält die Regelung durch die richterliche Anordnung der Leichenöffnung. Die Funktion der Anordnung der Leichenöffnung besteht gerade darin, eine staatliche Eingriffsbefugnis zu eröffnen, und zwar in der Weise, daß die Staatsanwaltschaft einen von ihr gewünschten Eingriff in Rechtsgüter Dritter vornehmen kann. Die Anordnung legt gegenüber Dritten bzw. gegenüber der Allgemeinheit fest, daß der Eingriff zu dulden ist[479].

473 "Leichenöffnung" ist das in der StPO verwendete Synonym für "Sektion".
474 Maiwald, NJW 78, S. 564 m.w.N..
475 Bei Gefährdung des Untersuchungserfolges durch zeitliche Verzögerung darf die Staatsanwaltschaft die Leichenöffnung selbst anordnen, sog. Eilfallkompetenz, § 87 Abs. 4 S. 1, 2. HS StPO.
476 Vgl. Steffen, S. 19 m.w.N.. In §§ 90 und 91 StPO sind für neugeborene Kinder und für den Fall des Verdachtes einer Vergiftung weitere Untersuchungsanweisungen enthalten.
477 Vgl. § 203 StPO.
478 Geerds, MedR 84, S. 175 m.w.N..
479 Maiwald, NJW 78, S. 562.

Darin liegt daher die eigentliche Rechtfertigungsnorm. Die Regelung gibt dem Gericht die Befugnis, auf Antrag der Staatsanwaltschaft über die Duldungspflicht Dritter zu entscheiden. Die Duldungspflicht selbst entsteht aber erst mit der Anordnung der Leichenöffnung und nicht aufgrund der Durchführungsregelungen in der StPO.

Rechtfertigungsgrund im Sinne des § 168 StGB ist also die zu Recht ergangene Anordnung des Richters zur Leichenöffnung oder, bei Gefährdung des Untersuchungszwecks durch Verzögerung, die der Staatsanwaltschaft selbst.

Mit Ausnahme der allgemeinen Verpflichtung zur Strafverfolgung in §§ 160, 152 StPO enthält die StPO keinerlei Regelung, wann und unter welchen Voraussetzungen die Strafverfolgungs-behörden eine Leichenöffnung durchzuführen haben[480]. Die Frage, wann eine Anordnung zur Leichenöffnung erfolgen darf, muß daher aus dem Gesamtkontext erschlossen werden.

Gem. § 159 Abs. 1 StPO hat die Anzeige an die Staatsanwaltschaft oder an das Amtsgericht bei Vorliegen von Anhaltspunkten zu erfolgen, jemand sei eines nicht natürlichen Todes gestorben[481]. Unter Berücksichtigung des Zwecks des § 159 Abs. 1 StPO, der Staatsanwaltschaft eine Prüfung darüber zu ermöglichen, ob sie ein Ermittlungsverfahren wegen eines Tötungsdeliktes einleiten muß, und gleichzeitig hierfür Beweismittel zu sichern, handelt es sich bei der Frage, ob ein nicht natürlicher Tod vorliegt, um eine Vorprüfung, die zunächst mit grobem Raster alle Todesfälle ausfiltern soll, "für die ein Ermittlungsverfahren ganz sicher nicht im entferntesten in Betracht kommt.[482]"
Alle anderen Todesfälle sind danach anzeigepflichtig[483]. Insbesondere ist auch bei ungeklärter Todesursache eine Leichenöffnung angezeigt[484].
Diese weitgehende Interpretation wird auch durch die Richtlinien für das Straf- und Bußgeldverfahren gestützt in denen es unter Nr. 33 II zum Antrag auf eine Leichenöffnung heißt:
"*Läßt sich bei der Leichenschau eine Straftat als Todesursache nicht ausschließen, oder ist damit zu rechnen, daß die Feststellungen später angezweifelt werden, so verlangt der Staatsanwalt grundsätzlich die Leichenöffnung.*"

480 Derselbe, NJW 78, S. 561.
481 Maiwald, NJW 78, S. 562, bezeichnet den "nicht natürlichen Tod" daher als den Schlüsselbegriff für den Leichensachenbereich.
482 Maiwald, a.a.O.; Geerds, MedR 84, S. 173.
483 Vgl. zu einzelnen Todesfallbeispielen Maiwald, NJW 78, S. 563.
484 Geerds, a.a.O..

Hiernach wäre die Anordnung einer Leichenöffnung rechtmäßig, wenn eine Straftat in concreto auch nur denkbar erscheint[485].
Ausgeschlossen wäre also lediglich die ins Blaue hinein angeordnete Leichenöffnung bzw. die willkürliche Anordnung.

Rechtmäßig kann eine so ausgelegte Regelung nur sein, wenn die Interessen für diesen Eingriff gegenüber den Pietätsinteressen überwiegen.

Maiwald[486] stellt im wesentlichen auf den Zweck der Leichenöffnung ab, künftige Verbrechen zu verhindern. Dabei sei die Aufklärung schon begangener Verbrechen von höchster Bedeutung. Generalpräventiv hänge die Wirksamkeit der Strafnorm insbesondere davon ab, daß Delinquenz entdeckt und abgeurteilt werde. Spezialpräventiv könne die Beeinflussung des einzelnen Delinquenten wegen des nulla poena sine lege Satzes nur erreicht werden, wenn seine Verfehlung aufgeklärt werde. Innerhalb dieses Zweckzusammenhanges sei die Leichenöffnung ein wichtiges Mittel und schon für sich genommen eine Präventionsmaßnahme, da sie wirksam dazu beitragen könne, die Dunkelziffer niedrig zu halten.

Vor dem Hintergrund dieser überragenden Gemeinschaftsbelange muß in Abwägung mit dem Interesse an der Unverletzlichkeit der Totenruhe davon ausgegangen werden, daß die Richtlinien zutreffende Anhaltspunkte dafür geben, wann die Staatsanwaltschaft eine Leichenöffnung zu beantragen hat[487] und damit eine Anordnung zur Leichenöffnung eine Rechtfertigung i.S.d. § 168 StGB trägt.

Die Leichenöffnung kann damit bereits veranlaßt werden, wenn Unklarheiten über die Todesursache die Möglichkeit einer Straftat gedanklich zulassen.

2. § 32 Abs. 3 S. 2 BSeuchenG

§ 32 Abs. 3 S. 2 BSeuchenG eröffnet die Befugnis der "zuständigen Behörde", bei dem Verdacht, ein Verstorbener habe an einer übertragbaren Krankheit gelitten[488], eine Sektion anzuordnen[489].

485 Maiwald, NJW 78, S. 565.
486 Maiwald, NJW 78, S. 566.
487 Maiwald, a.a.O..
488 § 31 Abs. 1 BSeuchenG: Verstorbene, die krank, krankheitsverdächtig oder Ausscheider von den in § 30 Abs. 1 bezeichneten Krankheiten waren.
489 Im BSeuchenG wird für die Sektion der Begriff der inneren Leichenschau gewählt.

Es handelt sich hierbei um eine sog. Verwaltungssektion. Darunter sind die Sektionen zu verstehen, die eine Behörde im Einzelfall anordnen kann, um eine ungewisse Todesursache zu klären, um daraus Schlüsse für ihr weiteres Verwaltungshandeln zu ziehen[490].

Auch bei der Verwaltungssektion[491] ist Rechtfertigungsgrund für den Eingriff die zu Recht erfolgte Anordnung der Sektion[492].

Diese ist gem. § 32 Abs. 3 BSeuchenG zulässig, wenn sie "für erforderlich gehalten wird."
Es wird demnach ein Ermessensspielraum eröffnet, welcher nur dann ermessensfehlerfrei ausgeübt wird, soweit der durch §§ 30 ff BSeuchenG verfolgte Zweck erreicht werden soll[493].
Die Regelung im BSeuchenG selbst erhält ihre Rechtfertigung daher aus dem Interesse, die Ausbreitung übertragbarer Krankheiten wie z.B. Pest, Cholera, Gelbfieber oder Pocken[494] zu verhindern. Hinter diesem elementaren Gemeininteresse hat die Totenruhe und damit auch das Rechtsgut der Pietät zurückzustehen.

Da insbesondere die in § 31 Abs. 2 BSeuchenG aufgezählten Krankheiten in Deutschland keine Relevanz mehr haben, hat auch die Sektion aufgrund einer Anordnung nach dem BSeuchenG heute keine Bedeutung innerhalb der Sektionspraxis[495].

3. § 63 Abs. 3 SGB VII

Seit dem anläßlich der Einführung des SGBX -durch Gesetz vom 18.08.1980[496]- neueingeführten Absatz 4 in § 1559 RVO war bei einem versicherungsrechtlich relevanten Todesfall neben der Ortspolizeibehörde auch

490 Steffen, S. 20.

491 Zu weiteren Beispielen solcher ausdrücklich geregelter Verwaltungssektionen, wie zum Beispiel jene aufgrund der Bremer Gesundheitsdienstordnung, vgl. Steffen, S. 20 f.

492 Vgl. oben, § 6, C. I. 1. a.E.

493 Ebenso Stentenbach, S. 134.

494 § 31 Abs. 2 BSeuchenG verlangt beim Auftreten dieser Krankheiten eine sofortige Meldung an die oberste Gesundheitsbehörde. Die zu den Ermittlungspflichten des BSeuchenG führenden übertragbaren Krankheiten sind damit aber nicht abschließend aufgezählt, wie es Steffen, S. 21, mißverständlich nahelegt, vgl. § 30 Abs. 1 i.V.m. §§ 3, 8, 45 BSeuchenG.

495 Vgl. Kößling, MedR 91, S. 249, der allerdings auch darauf hinweist, daß z. B. die ebenfalls unter die Regelung fallende Tuberkulose zur Zeit nicht mehr diagnostiziert werde, "weil es sie nicht mehr gibt." Da es sie jedoch tatsächlich noch in Deutschland "gibt", wäre hier ein wichtiger Anwendungsfall für § 32 Abs. 3 S. 2 BSeuchenG.

496 BGBl. I S. 1469, zur Begründung vgl. BT-Drs. 8/2034, S. 34.

der Sozialversicherungsträger berechtigt, die Entnahme einer Blutprobe zur Beweissicherung von Umständen, die zum Entfallen der Versicherungspflicht führen können[497], anzuordnen.
Nunmehr ist in § 63 Abs. 3 SGB VII vorgesehen, daß allein der Unfallversicherungsträger für Tatsachen, die für die Versicherungspflicht von Bedeutung sind, eine Blutprobenentnahme anordnen kann.
Die früher strittige Frage[498], ob sich aus § 34 StGB eine Rechtfertigung für den Sozialversicherungsträger bei der Anordnung einer solchen Blutprobe auch gegen den Willen der Angehörigen ergibt, ist damit zugunsten der ständigen Verwaltungspraxis entschieden, denn nunmehr existiert eine ausdrückliche Ermächtigungsgrundlage für die Anordnung, die diesen Bereich abschließend regelt[499].Die Aufnahme der Regelung ins SGB VII hatte gerade zum Ziel, den Unfallversicherungsträger auch gegen den Willen der Angehörigen zur Anordnung zu ermächtigen[500].

II. Gewohnheitsrechtliche Befugnisse

Wie bereits dargelegt[501], besteht ein erhebliches Interesse für die Medizin an der Durchführung von klinischen Sektionen.
Insbesondere in der medizinischen Literatur wird daher vertreten, daß sich die Befugnis zur Vornahme von klinischen Sektionen aus einem ärztlichen Gewohnheitsrecht ergebe[502]. Es sei ständige Übung und Ausformung des ärztlichen Berufsrechts, in Ablebensfällen, von deren Aufklärung man sich wichtige Erkenntnisse verspreche, Sektionen vorzunehmen.

Dem kann nicht zugestimmt werden:
Aus dem Rahmen einer ständigen Übung einer Klinik allein läßt sich kein Gewohnheitsrecht herleiten. Es kann zwar in der Tat kein Zweifel daran bestehen, daß klinische Sektionen ohne Einwilligung der Betroffenen sowohl in der Vergangenheit bereits im erheblichen Umfang durchgeführt wurden, als auch heute weiterhin praktiziert werden[503]. Eine Einschränkung der Rechts-

497 Etwa, weil der Verdacht gegeben ist, der Verstorbene habe seinen Tod durch Alkoholkonsum mitverursacht.
498 Vgl. OLG Frankfurt, JZ 75, S.379 ff; Geilen, JZ 75, S. 382 ff; Roxin, JuS 76, S. 507 ff.
499 SK-Rudolphi, § 168, Rn. 8; Sch/Sch- Lenckner, § 168, Rn. 8.
500 Petri/Voelske/Wagner, § 63, Rn. 6.
501 Vgl. oben, § 1, B. III..
502 Bode, ZBlAllgPath. 86 (1950), S. 372 f; Fischer, ZBlAllgPath 86 (1950), S. 419, Gruber, ZBlAllgPath 86 (1950), S. 422.
503 Vgl. OLG München, NJW 76, S. 1805.

positionen des Verstorbenen bzw. seiner Angehörigen kann daraus aber nicht resultieren[504]. Das LG Bonn hat bereits 1928 das wesentliche Argument gegen die Annahme von einem derartigen Gewohnheitsrecht dargelegt:
"*Niemals kann aber ein Brauch zum Gewohnheitsrecht werden, welcher allgemein als Mißbrauch empfunden wird.*[505]"
Ein Gewohnheitsrecht zur Vornahme einer Sektion wird auch heute von der Rechtsprechung zutreffend verneint[506].
Das OLG München[507] spricht dabei im Gegenteil von einem herausgebildeten Gewohnheitsrecht, welches die klinische Sektion trotz ihrer anzuerkennenden wissenschaftlichen Notwendigkeit ohne Einwilligung der Betroffenen für rechtswidrig erkennt.

Weiterhin wurde vertreten, daß die eigenmächtige Wegnahme von in der Bedeutung für die Pietät unwesentlichen Leichenteilen, insbesondere von Gehörknöchelchen oder Augenhornhäuten u.ä., anläßlich einer Sektion, sich durch eine gewohnheitsrechtliche Befugnis bzw. durch Sozialadäquanz rechtfertigt[508]. Insbesondere seien durch die geringfügigen Entnahmen keine Eingriffe in rechtliche oder sittliche Positionen gegeben.
Handlungen, die zwar vom Wortlaut einer Strafbestimmung umfaßt sind, sich aber im Rahmen der normalen, geschichtlich gewordenen Sozialordnung bewegen, fallen nach der Lehre von der Sozialadäquanz aus dem Bereich des Unrechts heraus[509]. Solche Handlungen, wie z. B. unerhebliche Körperverletzungen und Freiheitsberaubungen, überschreiten nicht "die Grenze sozialer Handlungsfreiheit, sind im sozialen Leben unverdächtig"[510] und werden von der Rechtsordnung hingenommen.

---

504 Ebenso Franzki, MedR 91, S. 223.

505 LG Bonn JW 28, S. 2294, 2296. Franzki, a.a.O., weist in diesem Zusammenhang auf den Erlaß des Preußischen Ministers des Innern vom 22.12.1932 hin, in dem den Krankenhausleitungen mitgeteilt wird, daß "es sich empfiehlt, in denjenigen Fällen, in denen die Öffnung einer Leiche erforderlich erscheint, sich des Einverständnisses der Angehörigen des Toten zu vergewissern."

506 Mit Verweis auf die Entscheidung des LG Bonn, OLG München NJW 76, S. 1805; KG Berlin NJW 90, S. 782, 783.

507 OLG München, a.a.O..

508 Bode, Fischer, Gruber, a.a.O.. Schreiber, Klug-FS, S. 348, Fn. 42, berichtet über eine laut Süddeutscher Zeitung vom 24.09.1982 vom Münchner Rechtsmediziner Spann ausdrücklich gemachte Erklärung, daß er gestützt auf medizinisch-wissenschaftliche Gründe Hornhaut des Auges, Hirnanhangdrüsen, Hirnhaut, gelegentlich auch Knochenteile und Gefäße zur Transplantation an Kliniken oder zur Medikamentenherstellung an die Pharmaindustrie liefere. Die Hinterbliebenen würden nicht gefragt, schon um sie nicht zusätzlich zu belasten.

509 Tröndle, Vor § 32, Rn. 12; Stentenbach, S. 182.

510 BGH St 23, 228.

Ein unbedeutender Eingriff in die Integrität des Leichnams sei zulässig, da er ein derartiges sozialadäquates Vorgehen darstelle[511].

Auch diese Ansicht hat sich im Hinblick auf die Erkenntnisse zum postmortalen Selbstbestimmungsrecht zu Recht nicht durchsetzen können[512].
Der Gesetzgeber wurde dem durch die Fassung des Transplantationsgesetzes gerecht, denn gem. § 1 Abs. 1 TPG werden vom TPG sowohl nicht durchblutete Körperteile, etwa die Hornhaut oder die Dura, erfaßt, als auch z.B. geringste Mengen Knochenmaterials. Eine zulässige Entnahme kann daher nunmehr unstreitig lediglich nach Zustimmung des Spenders bzw. seiner Angehörigen erfolgen[513].

Wird einer Sektion durch den Verstorbenen oder durch Angehörige zugestimmt, so ist von dieser Zustimmung nicht die Entnahme von Teilen des Körpers zu Transplantationszwecken mit umfaßt.
Selbst bei einer zulässigen Sektion wird durch die eigenmächtige Entnahme in das postmortale Selbstbestimmungsrecht eingegriffen, unabhängig davon, ob die Entnahme gegenüber der Sektion "nicht ins Gewicht fällt[514]", denn eine wirksame rechtfertigende Einwilligung setzt die Kenntnis des Einwilligenden vom tatsächlichen Umfang des Eingriffs in seine Rechtsposition zwingend voraus[515].
Auch die angeordnete Sektion gemäß §§ 87 ff StPO erlaubt einen Eingriff nur in Hinblick auf die Feststellungen zur Todesursache, sie vernichtet aber nicht die Rechtsposition der Angehörigen bzw. das postmortale Selbstbestimmungsrecht des Verstorbenen.

Eine Rechtfertigung aus Gewohnheitsrecht bzw. wegen sozialer Adäquanz kommt daher in keinem Fall in Betracht.

---

511 Deutsch, Der Chirurg 1980, S. 350.
512 LK-Dippel, § 168, Rn. 28 m.w.N..
513 Vgl. Deutsch, NJW 98, S. 778.
514 A.A. Carstens, S. 161 und Albrecht, S. 73, die im Rahmen der wesentlich intensiveren Sektion von einer sozialadäqaten Entnahme von kleinsten Gewebeteilen zu Transplantationszwecken ausgehen.
515 Vgl. oben, § 6, B. II..

D. Die eigenmächtige Entnahme von Leichenteilen unter Notstandsgesichtspunkten.

Der sogenannte rechtfertigende Notstand gem. § 34 StGB trägt dem Umstand Rechnung, daß es in einer Gesellschaft von Individuen zu Kollisionen zwischen verschiedenen, gleichermaßen vom Gesetz geschützten Interessen kommen kann.
§ 34 StGB soll eine Antwort auf die Frage geben, wann in die Rechtsposition eines Dritten eingegriffen werden darf, um eine andere Rechtsposition zu schützen.

§ 34 StGB lautet:

"*Wer in einer gegenwärtigen, nicht anders abwendbaren Gefahr für Leben, Leib, Freiheit, Ehre, Eigentum oder ein anderes Rechtsgut eine Tat begeht, um die Gefahr von sich oder einem anderen abzuwenden, handelt nicht rechtswidrig, wenn bei Abwägung der widerstreitenden Interessen, namentlich der betroffenen Rechtsgüter und des Grades der ihnen drohenden Gefahren, das geschützte Interesse das beeinträchtigte wesentlich überwiegt. Dies gilt jedoch nur, soweit die Tat ein angemessenes Mittel ist, die Gefahr abzuwenden.*"

Der Gedanke, der dem zugrunde liegt, ist also, daß eine grundsätzlich verbotene Handlung zugunsten der Rettung eines höherwertigen Rechtsgutes erlaubt ist.

I. Eigenmächtige klinische Sektion

Die Fortentwicklung medizinischer Erkenntnisse ist zu einem großen Teil klinischen Sektionen zuzuschreiben[516]. Gegen die Möglichkeit einer Rechtfertigung eigenmächtiger Sektionen über § 34 StGB spricht allerdings, daß es sich bei der Gefährdung der Wissenschaft, ohne ausreichende klinische Sektionen keine Fortschritte machen zu können, um eine abstrakte Gefahr handelt. Das Eingreifen des rechtfertigenden Notstands setzt aber eine

---

516 Vgl. oben, § 1, B. III..

konkrete gegenwärtige Gefahr voraus[517]. Dazu reicht eine derartige abstrakte Gefährdung für die medizinische Wissenschaft nicht aus[518].

II. Eigenmächtige Transplantatentnahme

Da die Spendebereitschaft den Bedarf an Organen bei weitem nicht zu decken vermag[519], wird die Rechtfertigung der eigenmächtigen Transplantatentnahme über § 34 StGB als Lösungsmöglichkeit für die elementaren Bedürfnisse von Patienten gesehen, die ihre Lebens- und Gesundungshoffnungen auf die Transplantation stützen.

Dabei ist die Möglichkeit einer Rechtfertigung über § 34 StGB auch für diejenigen von Bedeutung, die die Tatbestandsmäßigkeit der Entnahme gem. § 168 StGB mangels Wegnahme verneinen.

Denn auch im Rahmen des § 19 Abs. 1 TPG kommt eine Rechtfertigung durch Notstand in Betracht[520].

Schließlich ist § 34 StGB ebenso in Hinblick auf die zivilrechtliche Problematik ein möglicher Rechtfertigungsgrund[521].

Ob und unter welchen Voraussetzungen § 34 StGB bei der Transplantatentnahme als Rechtfertigungsgrund eingreifen kann, ist höchst umstritten und in vielen Punkten zweifelhaft.

1. Die Rechtsgüterabwägung

Der bloße Rechtsgütervergleich der sich gegenüberstehenden Interessen geht zunächst eindeutig zugunsten des Transplantatempfängers aus:

Das elementare Interesse an der Lebensrettung oder an der Verbesserung einer bedrohten Gesundheit überwiegt in der Abwägung den Interessen der Angehörigen, den Leichnam unversehrt beerdigen zu können[522]. Ebenso steht das postmortale Selbstbestimmungsrecht über den eigenen Körper im Rang unter

---

517 Sch/Sch-Lenckner, § 34, Rn. 12 ff m.w.N..

518 Ebenso Stentenbach, S. 103; Peuster, Med.Klin. 67 (1972), S. 684; Gucht, JR 73, S. 235.

519 Vgl. oben, § 1, B. I..

520 Ebenda.

521 LG Bonn JZ 71, S. 57, 59; Albrecht, S. 74 m.w.N..

522 Schreiber, Internist 15 (1974), S. 555; Carstens, S. 131 f.

dem Recht auf Leben als vitale Basis aller Grundrechte[523]. Dies ergibt sich aber nicht bereits aus dem Umstand, daß die Interessen eines Lebenden mit jenen eines Toten abzuwägen sind[524]. Das sich aus dem Persönlichkeitsrecht und letztlich aus der Menschenwürde herleitende postmortale Selbstbestimmungsrecht wird zuerkannt gerade im Interesse des Lebenden. Die Gewißheit, der Wille betreffend die Behandlung des eigenen Körpers nach dem Tode werde nicht respektiert, kann die Lebensqualität sehr stark beeinträchtigen[525].

Das postmortale Selbstbestimmungsrecht, welches im Rechtsgut der Pietät enthalten ist und seinen Schutz über das Totenfürsorgerecht der Angehörigen bzw. über § 168 StGB erfährt, verdankt seine Existenz dem Umstand des Lebens selbst. Das Leben ist das fundamentalste aller Rechtsgüter, ohne das ein Schutz der Menschenwürde überhaupt nicht denkbar wäre, denn Menschenwürde setzt Leben voraus.

2. Die Angemessenheitsklausel, § 34 S. 2 StGB

Problematisch allerdings wird die Abwägung der Interessen zugunsten des Empfängers durch das Erfordernis einer angemessenen Rettungshandlung i.S.d. § 34 S. 2 StGB[526].

Der rechtfertigende Notstand bürdet dem Träger des geringerwertigen Rechtsgutes, in welches durch die Rettungshandlung eingegriffen wird, eine Duldungspflicht auf[527]. Durch die Bejahung einer Rechtfertigung wird die Grenze der von der Gemeinschaft geforderten, wenn auch passiven, Solidarität konkretisiert[528]. Die Angemessenheitsprüfung dient der Feststellung der Grenzen des Notstandes und damit der Grenze der dem Einzelnen auferlegten Sozialpflichtigkeit[529].

---

523 A.A. Trockel, MDR 69, S. 812, NJW 70, S. 495; das Rechtsgut der Pietät, das mit dem Totensorgerecht der Angehörigen geschützt werde, sei auch gegenüber Lebensgefahr unantatstbar; ebenso Forkel, JZ 74, S. 598 f.

524 So aber Albrecht, S. 78.

525 Vgl. Wolfslast, MMW 124 (1982), S. 107.

526 Zur eigenständigen Bedeutung der Angemessenheitsklausel neben der Güterabwägung vgl. Grebing, GA 79, S. 88 ff. Gegen eine selbständige Bedeutung z.B. Sch/Sch-Lenckner, § 34, Rn. 46 f: Die Prüfung habe innerhalb der umfassenden Rechtsgüterabwägung zu erfolgen.

527 Da der Eingriff in das Rechtsgut keinen rechtswidrigen Angriff darstellt, ist eine Notwehr gem. § 32 StGB gegen den Eingriff nicht möglich.

528 Samson, NJW 74, S. 2032.

529 Schreiber, Internist 15 (1974), S. 555.

Als Beispiel einer unangemessenen Rettungshandlung wird der Fall einer zwangsweisen Blutentnahme beim Lebenden zur Rettung eines Mitmenschen angeführt.
Nach überwiegender Ansicht ist eine Rechtfertigung aus § 34 StGB in diesem Fall ausgeschlossen[530]:
Bei der vorzunehmenden Güterabwägung überwiegt zwar das bedrohte Leben der körperlichen Integrität des durch den relativ geringwertigen Eingriff zur Blutentnahme Betroffenen. Zur Aufopferung der körperlichen Integrität für die Lebenserhaltung eines Mitmenschen existiert allerdings keine rechtliche Verpflichtung. Es widerspräche fundamentalen Wertprinzipien der Rechtsgemeinschaft, insbesondere der Menschenwürde und dem Freiheitsprinzip, erklärte man für Rechtens, einen anderen über seine Freiheitsrechte und seine verantwortliche sittliche Entscheidung hinweg zu zwingen, seinen Körper als bloßes Mittel zur Erreichung eines, wenn auch wünschenswerten, Zwecks, verwenden zu lassen[531]. Die Entscheidung darüber, ob das persönliche Opfer einer Blutspende erbracht werden soll, könne nach den Wertprinzipien unserer Verfassung grundsätzlich nur der einzelne treffen[532].

Andererseits ordnen z.B. §§ 81a Abs. 1, 81c StPO[533] und § 372a ZPO[534] die Duldung einer Blutprobenentnahme, oder §§ 10, 14 BSeuchenG die Duldung einer Schutzimpfung, und damit die Duldung eines Eingriffs in die körperliche Integrität an. Sie verlangen eine Aufopferung zugunsten von überragenden Interessen der Allgemeinheit. Diese auferlegte Aufopferung wird mit der Menschenwürde und dem Freiheitsprinzip für vereinbar gehalten[535].

Da die Verfassung sowohl an der individuellen Freiheit als auch an der Sozialbindung orientiert ist, gibt es für die Frage, ob dem Selbstbestimmungsrecht oder der Bindung an die Interessen anderer der Vorrang gebührt, keine eindeutige Lösung[536].

---

530 Für viele vgl. Tröndle, § 34, Rn. 16; Samson, NJW 74, S. 2032. Zur Kritik vgl. Wolfslast, MMW 124 (1982), S. 108.

531 LK-Dippel, § 168, Rn. 32; vgl. auch Motive zu § 34 S. 2: Deutscher Bundestag, Begründung des Entwurfs eines Strafgesetzbuchs (StGB) E 1962, BT-Drucks. IV/650, S. 160; BT-Drucks. V/4095, S. 15.

532 Albrecht, S. 77.

533 Blutprobenentnahme z. B. bei einem Beschuldigten.

534 Blutprobenentnahme zur Feststellung der Abstammung.

535 Nach dem Bundesverfassungsgericht sind diese Bestimmungen verfassungsgemäß, BVerfGE 5, 13; 16, 194; 17, 108.

536 Schreiber, Internist 15 (1974), S. 555.

Es muß daher konkret die Frage entschieden werden, ob ein Eingriff in das postmortale Selbstbestimmungsrecht angemessen i.S.d. § 34 S. 2 StGB sein kann.

a) Differenzierung der Eingriffsintensität bei der Entnahme danach, ob sie gegen oder ohne den Willen des Verstorbenen erfolgte

Auf den ersten Blick läge es nahe, bei der Angemessenheitsprüfung zu unterscheiden, ob die Entnahme gegen oder lediglich ohne den Willen des Verstorbenen erfolgte.
So wird in weiten Teilen der Literatur auch vertreten, daß die eigenmächtige Transplantatentnahme zwar gegen den Willen des Verstorbenen unangemessen i.S.d. § 34 S. 2 StGB[537], ohne eine ausdrückliche Äußerung des Verstorbenen eine Rechtfertigung über § 34 StGB aber möglich sei[538].
Habe der Verstorbene sich nicht zu Lebzeiten zu einer Entnahme von Organen geäußert, spreche nur eine mehr oder minder große Wahrscheinlichkeit für die Verletzung des Persönlichkeitsrechts, welches von den Angehörigen geltend gemacht werde[539]. Gegenüber den überragenden Interessen auf Empfängerseite müsse der Wille der Angehörigen[540] zurückstehen, selbst wenn sie das Selbstbestimmungsrecht für den Verstorbenen wahrnähmen[541]. Vor allem aber hätten Leben und Gesundheit Vorrang vor den Interessen der Angehörigen, den Leichnam vollständig zu beerdigen[542].

Diese Ansicht verkennt allerdings die Reichweite des postmortalen Selbstbestimmungsrechts und die Funktion des Totenfürsorgeberechtigten.

Soweit lediglich auf das eigene Interesse des Totenfürsorgeberechtigten abgestellt wird, den Leichnam unversehrt beerdigen zu können, fällt eine Abwägung mit den Interessen eines potentiellen Empfängers sicher nicht schwer. Dem Ergebnis der Güterabwägung allein an diesem Interesse stehen sicher auch keine Angemessenheitserwägungen entgegen.

---

537 Dazu näher unten, § 6, D. II. 2. b).

538 LK-Dippel, § 168, Rn. 32; Sch/Sch-Lenckner, § 168, Rn. 8; Tröndle, § 168, Rn. 4; SK-Rudolphi, § 168, Rn. 8; Eichholz, NJW 78, S. 2275; Kuckuk, JR 74, S. 412; Schreiber, Klu-FS, S. 351f; Internist 15 (1974), S. 555; Wolfslast, MMW 124 (1982), S. 107 f; Stentenbach, S. 187 ff.

539 Schreiber, Klug-FS, S. 351 f.

540 Gemeint sind die Totenfürsorgeberechtigten.

541 Schreiber, Internist 15 (1974), S. 555.

542 Schreiber, a.a.O.; Stentenbach, S. 187; Eichholz und Kuckuk, a.a.O..

Eine derartige Argumentation greift aber zu kurz.
Die Prüfung der Angemessenheit der eigenmächtigen Entnahme bekommt eine ganz andere Qualität, wenn der Totenfürsorgeberechtigte dem geplanten Eingriff aufgrund eines ihm bekannten Willens des Verstorbenen widerspricht. In diesem Fall differenzierte man bei der Erwägung der Angemessenheit nicht zwischen dem Willen des Verstorbenen und jenem des Totenfürsorgeberechtigten, sondern zwischen den ausdrücklich gegenüber Dritten geäußerten bzw. schriftlich niedergelegten und dem "lediglich" gegenüber den Angehörigen geäußerten ausdrücklichen Willen des Verstorbenen.
Die Annahme einer angemessenen Rettungshandlung i.S.d. § 34 S. 2 StGB basierte in diesem Fall also allein auf dem Umstand, daß der Verstorbene sich nur gegenüber den Angehörigen geäußert hat. Warum hierin ein geringerer Eingriff in die Rechtsposition des Verstorbenen anzunehmen sein soll, ist nicht erkennbar. Auf die Form der Willensäußerung oder die Person, der gegenüber der Wille geäußert wurde, kann es daher nicht ankommen[543].

Diese Überlegung hat aber auch Auswirkungen auf die Frage der Angemessenheit, wenn nur der Totenfürsorgeberechtigte sich gegen die Organentnahme ausgesprochen hat, ohne daß der Verstorbene sich dazu äußerte.
Der Wille des zur Totenfürsorge Berufenen tritt an die Stelle des Willens des Verstorbenen. Sinn seiner Sachwalterfunktion ist ja gerade, die Interessen des Verstorbenen wahrzunehmen und dadurch das postmortale Selbstbestimmungsrecht zu garantieren[544]. Dem Totenfürsorgeberechtigten wurde dieses "Amt" übertragen, weil von ihm am ehesten erwartet werden kann, daß er den Willen des Verstorbenen trifft und verwirklicht. Ist dem Totenfürsorgeberechtigten der Wille des Verstorbenen nicht bekannt, so hat er für diesen zu entscheiden[545]. Einen Sinn macht diese Position dabei nur, wenn die Willensäußerung des Totenfürsorgeberechtigten die gleiche rechtliche Bedeutung hat, wie jene des Verstorbenen selbst.
Wer die Bedeutung der Willensäußerung des Totenfürsorgeberechtigten relativiert, relativiert damit das postmortale Selbstbestimmungsrecht des Verstorbenen. Der Wille des Totenfürsorgeberechtigten ist mit dem Willen des Verstorbenen gleichzusetzen[546], denn dessen Wille materialisiert sich in der Äußerung des Totenfürsorgeberechtigten.

---

543 So wohl auch Stentenbach, S. 190.
544 Forkel, JZ 74, S. 599; OLG München, NJW 76, S. 1805. Vgl. auch oben, § 5, A. I. 2. a)..
545 Forkel; OLG München, a.a.O..
546 Forkel; OLG München, a.a.O.; i.E. auch Kaiser, Med.Klin. 62 (1967), S. 646, derselbe in Mergen, S. 54.

Der Wille, den Leichnam unversehrt zu beerdigen, ist hierbei nichts anderes als die Achtung der grundsätzlichen Unberührbarkeit des Leichnams[547]. Solange keine Einwilligung des Verstorbenen vorliegt, hat der entgegenstehende Wille des Totenfürsorgeberechtigten den gleichen Achtungsanspruch, wie der Wille des Verstorbenen. Die bloße Möglichkeit, lediglich eigene Interessen ohne Rücksicht auf den Willen des Verstorbenen durchzusetzen, die Funktion des Totenfürsorgeberechtigten also zu mißbrauchen, kann an der Rechtsposition desselben nichts ändern.

Im übrigen nimmt die dargelegte Ansicht auch keine Stellung zu der Frage der Angemessenheit, sondern wiederholt lediglich das bereits bei der Güterabwägung festgestellte Ergebnis eines überwiegenden Lebensinteresses.
Das Abstellen auf den Totenfürsorgeberechtigten dient lediglich der Umgehung einer Stellungnahme zur Angemessenheit einer Entnahme in Hinblick auf die Rechtsgüter des Verstorbenen.

Es kommt nach alldem bei der Angemessenheitsprüfung allein auf die Frage an, ob für das Interesse an der Transplantation die Rechtsposition des Verstorbenen überwunden werden darf.

Hiernach verbliebe für eine Differenzierung lediglich in der Weise Raum, daß man zwischen geäußertem entgegenstehenden Willen des Verstorbenen bzw. des Totenfürsorgeberechtigten auf der einen Seite und einer Entnahme ohne Äußerung des Verstorbenen bzw. des Totenfürsorgeberechtigten auf der anderen Seite unterscheidet.

Schreiber[548] sieht die geringere Intensität des Eingriffs ohne Willensäußerung des Verstorbenen darin, daß in einem solchen Fall lediglich eine mehr oder minder große Wahrscheinlichkeit für eine Rechtsgutsverletzung spreche.
Die bloße Möglichkeit, der Verstorbene könnte nichts gegen eine Organentnahme einzuwenden gehabt haben, läßt die Angemessenheitsprüfung positiv ausgehen. Dies kann nicht überzeugen.
Wer das Schweigen zur Entnahme als Voraussetzung für eine Rechtfertigung des Eingriffs verlangt, weil gegen den Willen des Verstorbenen jener nicht möglich sein soll, der arbeitet indirekt mit einer Art vermuteter Einwilligung. Wäre die Annahme einer mutmaßlichen Einwilligung möglich, bestünde aber auch kein Bedürfnis mehr für die Anwendung des § 34 StGB.

547 Vgl. oben, § 5, A. I. 2. a).
548 Schreiber, Klug-FS, S. 352.

Forkel[549] hält eine Rechtfertigung der eigenmächtigen Entnahme ohne Kenntnis vom Willen des Verstorbenen ebenfalls für möglich, wenn davon ausgegangen werden dürfe, daß sie im Einklang mit dem anzunehmenden Willen des Betroffenen erfolge, wenn der Eingriff also in Respekt vor seinem Willen geschehe.

Das postmortale Selbstbestimmungsrecht enthält aber den Grundsatz der Unberührbarkeit des Leichnams[550]. Wie bei der Problematik zur mutmaßlichen Einwilligung heißt dies nichts anderes, als daß ohne eine vorherige anderslautende Äußerung des Verstorbenen gerade nicht von seiner zustimmenden Haltung zu Eingriffen in seinen Leichnam irgendwelcher Art ausgegangen werden darf.

"Dem geäußerten Widerspruch gegenüber dem Schweigen des Verstorbenen mehr Gewicht zu verleihen, läuft auf eine Spekulation über den nicht zum Ausdruck gekommenen Willen hinaus."[551] Das Schweigen des Verstorbenen kann daher auch keine Voraussetzung für die Angemessenheit des Eingriffs sein[552]. Der Eingriff ist von gleicher Qualität, egal ob ohne Willensäußerung oder gegen den ausdrücklichen Willen, jedenfalls ohne eine Zustimmung des Verstorbenen, ein Organ entnommen wird.

Eine Art "Widerspruchslösung" ist aus Notstandsgesichtspunkten nicht entwickelbar.

Eine derartige Differenzierung kann daher bei der Angemessenheitsprüfung nicht erfolgen.

b) Die Angemessenheit der Organentnahme gegen den Willen des Verstorbenen

Die eigenmächtige Entnahme von Organen zu Transplantationszwecken ist deshalb nur dann eine angemessene Rettungshandlung i.S.v. § 34 S. 2 StGB, wenn sie auch gegen den ausdrücklich geäußerten Willen des Verstorbenen möglich ist.

Es ist also zu fragen, ob die Solidarpflichten so weit gehen, daß zur Rettung eines Mitmenschen ein Eingriff in das postmortale Selbstbestimmungsrecht zu dulden ist.

---

549 Forkel, JZ 74, S. 599.
550 Vgl. oben, § 5, A. I. 2. a).
551 Albrecht, S. 79.
552 Abwegig daher auch Dürig, in Maunz/Dürig, Art. 1 Abs. 1, Rn. 26.

Die Antwort wird von Teilen der Literatur vom Grund des entgegenstehenden Willens abhängig gemacht[553].
Selbstsüchtige Motive sollen z.B. weniger schwer wiegen als eine ablehnende Haltung aufgrund tiefsitzender religiöser Überzeugung, welche ihren besonderen Schutz durch Art. 4 GG erfahre.

Eine Bewertung der Gründe, die zur ablehnenden Haltung gegenüber einer Organspende führten, stellt jedoch kein sachgerechtes Kriterium für die Entscheidung der Angemessenheitsprüfung dar. Das postmortale Sebstbestimmungsrecht wird nicht nur demjenigen zuerkannt, der damit vernunftbestimmt umzugehen vermag. Wer dürfte sich dazu berufen fühlen, eine Entscheidung über die Beachtlichkeit von Motiven zu treffen?[554] Ein sich letztendlich aus der Menschenwürde ableitendes Recht zur Selbstbestimmung wird nicht dadurch gegenstandslos, daß es unvernünftig ausgeübt wird. Man kann nicht einmal von einem Mißbrauch des Rechts sprechen, wenn sich der Betroffene gegen eine Entnahme allein deshalb ausspricht, weil er zur Zustimmung nicht verpflichtet ist[555].
Es kommt daher nicht darauf an, ob eine die Explantation von Leichenteilen ablehnende Haltung vernünftig oder billigenswert ist. Die Angemessenheitsprüfung hat nur zu entscheiden, ob in einer bestimmten Gefahrenlage der durch das postmortale Selbstbestimmungsrecht beachtliche Wille des Verstorbenen für überwindbar erklärt werden kann[556]. Dabei kommt es auf den Willen als solchen an und nicht auf das Motiv für den Willen.

Ob der Wille des Verstorbenen zur Rettung eines Menschen überwunden werden kann, ist höchst umstritten.

Zum einen wird die Möglichkeit einer angemessenen Rettungshandlung entgegen dem ausdrücklichen Willen des Verstorbenen verneint[557].

553 von Bubnoff, S. 75; Linck, ZRP 75, S. 251; Carstens, S. 133; Zimmermann, NJW 79, S. 575.
554 Ebenso Wolfslast, MMW 124 (1982), S. 106.
555 Gegenüber den Angehörigen vertritt dies aber Carstens, S. 133, wobei er die Funktion und Reichweite des Totenfürsorgerechts verkennt, vgl. oben, § 5, A. I. 2..
556 Vgl. Samson, NJW 74, S. 2033, in Bezug auf eine gesetzliche Regelung.
557 OLG München, NJW 76, S. 1805; LK-Dippel, § 168, Rn. 32; Tröndle, § 168, Rn. 4; Sch/Sch-Lenckner, § 168, Rn. 8; Schreiber, Klug-FS, S. 352; Internist 15 (1974), S. 555; Wolfslast, MMW 124 (1982), S. 107; Maurach,/Schroeder/Maiwald, BT 2, § 62 III, Rn. 13; Eichholz, NJW 68, S. 2275; Kuckuk, JR 74, S. 412; Stentenbach, S. 187 ff; Kaiser in Mergen, S. 54 f; wohl auch Samson, NJW 74, S. 2033.

Gegenüber dessen fortwirkendes Persönlichkeitsrecht könne § 34 StGB nicht eingreifen. Die Möglichkeit, gegen den Willen des Verstorbenen dessen Organe entnehmen zu können, liefe auf eine totale Sozialpflichtigkeit des toten Körpers hinaus, welche dem geltenden Recht fremd sei[558]. Es könne das Leben des potentiellen Spenders massiv beeinträchtigen, wenn er mit dem Gedanken leben müsse, daß sein Wille, seine Überzeugung nach dem Tode überhaupt keine Berücksichtigung mehr fände[559]. Eher könne man das Recht auf Vererbung abschaffen, als in das fundamentale Grundrecht auf Bestimmung über den eigenen Körper eingreifen[560]. Dem Leben Vorrang um jeden Preis einzuräumen, hieße sich zum Richter erheben, über die Gefühle und Empfindungen anderer Menschen[561].
Die Unschärfe einiger Voraussetzungen des § 34 StGB berge weiterhin die Gefahr einer extensiven Auslegung, indem vermeintlich sozial gebotene Entscheidungen auf Kosten des zu respektierenden Freiheitsraumes des Verletzten und der Autorität der Rechtsordnung getroffen würden[562].

Forkel[563] verlangt, daß Art. 1 GG als Maßstab für die Entfernung von Leichenteilen herangezogen wird, da das postmortale Selbstbestimmungsrecht aus der Menschenwürde resultiere.
Höherwertige Gegeninteressen könnten niemals zur Rechtfertigung eines Eingriffs ins Feld geführt werden, der die Würde antaste. Es dürfe auch der Tote nicht zum Gegenstand fremder Zwecksetzung gemacht werden. Wer die Bestimmungen des Verstorbenen ignoriere, verwende den Toten gleichsam als Material, als Ersatzteillager und greife damit seine Würde an. Deshalb gebühre dem Willen des Verstorbenen selbst im Falle einer unumgänglichen Transplantation zur Rettung eines Kranken aus unmittelbarer Lebensgefahr Respekt.

Demgegenüber wird vertreten, daß zugunsten der Rettung von Leben und der Heilung von schweren Krankheiten selbst der Wille des Verstorbenen zurückstehen müsse[564].

---

558 Dippel, a.a.O.; Stentenbach, S. 188; Schreiber, Internist 15 (1974), S. 555.
559 Schreiber; Wolfslast, a.a.O..
560 Schreiber, a.a.O..
561 Stentenbach, a.a.O..
562 Stentenbach, S. 190.
563 Forkel, JZ 74, S. 598.
564 SK-Rudolphi, § 168, Rn. 8; Dürig in Maunz/Dürig, Art. 1 Abs. 1, Rn. 40; Kohlhaas, NJW 67, S. 1492; Peuster, Med.Klin. 67, S. 684; Roesch, VersR 70, S. 1089; Geilen, JZ 71, NJW 76, S. 1126; Albrech, S. 78; Bockelmann, S. 107; Carstens, S. 130 ff; Korthals, S. 143.

Das Überlebensinteresse habe stets Vorrang, denn das Leben stelle die vitale Basis für alle Grundrechte dar[565]. Der Schutz der Menschenwürde verbiete nicht per se die Verpflanzung von Leichenteilen auf lebende Menschen, um deren Leben zu retten oder deren Gesundheit zu fördern[566]. Wenn die Modalitäten menschenwürdig seien, werde man dem tiefen Grundsatz: "Der Lebende hat recht" folgen müssen[567]. Zwischen lebendem und totem Spender bestehe hinsichtlich der in Anspruch genommenen Interessen und des dementsprechend anzusetzenden Rangwertes der Selbstbestimmung ein durchgreifender, auch für das Abwägungsergebnis ausschlaggebender Wesensunterschied[568]. Der entscheidende Unterschied zwischen Sozialpflichtigkeit vor und nach dem Tod sei darin zu sehen, daß dem Verstorbenen im Gegensatz zum lebenden Spender nicht die Aufopferung "eines Stückes Lebens" abgenötigt werde. Der Verstorbene sei nicht mehr Träger seines Rechtsgutes, weshalb dieses nicht die gleiche Bedeutung habe, wie zu Lebzeiten. Der nur fortbestehende Schutz seiner zu Lebzeiten bestandenen Entscheidungsfreiheit relativiere sich dahingehend, daß nach dem Tod eine Abwägung gegenüber den Rechtsgütern des Organempfängers überhaupt möglich sei[569].

Die Reduzierung auf den Vergleich zwischen lebendem Empfänger und totem Spender wird der Bedeutung des aus der Menschenwürde resultierenden postmortalen Selbstbestimmungsrechtes nicht gerecht. Um seines Lebens Willen wird das Selbstbestimmungsrecht auch nach dem Tode geschützt[570]. Erkennt man den Menschenwürdeanspruch im Verhalten gegenüber dem Leichnam an[571], so kann ein Eingriff in die Würde des verstorbenen Menschen nicht hingenommen werden. Liegt ein Eingriff in die Würde des Verstorbenen vor, hat auch "der Lebende nicht recht." Es hieße das zuerkannte postmortale Selbstbestimmungsrecht bis zur Unbedeutsamkeit zu relativieren, ließe man das Interesse des Lebenden grundsätzlich überwiegen[572].

Die entscheidende Frage ist aber, ob durch Übergehen des Willens, also durch Eingriff in das postmortale Selbstbestimmungsrecht in jedem Fall die Würde des Verstorbenen tangiert wird.

565 Carstens, S. 130 f; Peuster, a.a.O..
566 Stark, Art. 1 Abs. 1, Rn. 68.
567 Dürig in Maunz/Dürig, Art. 1 Abs. 1, Rn. 26; 40; Albrecht S. 82.
568 Geilen, a.a.O..
569 Albrecht, a.a.O..
570 Vgl. oben, § 3, A..
571 Dies wird heute einhellig bejaht, vgl. Stark, Art. 1 Abs. 1, Rn. 14; Dürig in Maunz/Dürig, Art. 1 Abs. 1, Rn. 23 f; Zippelius in Bonner Kommentar, Art. 1 Abs. 1, Rn. 53.
572 Insoweit entsprechend Schreiber, a.a.O..

Dies wird man so pauschal, wie es die hier zuerst dargestellte Ansicht tut, nicht annehmen können.
Der Eingriff in ein Recht, welches aus der Menschenwürde resultiert, begründet allein noch keinen Menschenwürdeverstoß. Eine Verletzung der Menschenwürde durch Übergehen des Willens, ist erst dann anzunehmen, wenn durch den Eingriff aus dem Subjekt "Mensch" ein Objekt wird, ein bloßes Mittel zum Vorteil eines anderen oder der Gemeinschaft.

Zum Objekt wird der lebende Mensch bereits dadurch, daß man seinen Willen bricht[573]. Der Wille des Verstorbenen aber muß nicht gebrochen werden, er wird nicht beachtet. Das Übergehen seines Willens hat eine geringere Eingriffsintensität als der Bruch des Willens eines Lebenden, da das postmortale Selbstbestimmungsrecht lediglich Nachwirkung des vergangenen Lebens ist[574]. Diese andere Eingriffsintensität läßt die Abwägung mit den Interessen anderer zumindest zu.
Ein menschenwürdiges Verhalten gegenüber dem Leichnam hat dabei aber ebenso die Grenze zu beachten, an der der Mensch zum bloßen Objekt fremder Zwecksetzung wird. Diese Grenze ist in der Tat überschritten, erklärte man den Willen des Verstorbenen grundsätzlich für unbeachtlich[575]. Der Wille des Verstorbenen wird allerdings grundsätzlich respektiert. Nur eine extreme Ausnahmesituation soll zur Möglichkeit der Überwindung des Willens führen.
Die Antwort auf die Frage der Angemessenheit eines Eingriffs in das postmortale Selbstbestimmungsrecht liegt meines Erachtens in einem anderen Gesichtspunkt:
Die Angemessenheitsprüfung dient der Begrenzung der Solidarpflichten des Einzelnen. Die in der Prüfung festgestellte Grenze entspricht derjenigen, die auch eine einfachgesetzlich geschaffene Regelung nicht zu überwinden vermag. Anders formuliert: Soll die eigenmächtige Transplantatentnahme eine angemessene Rettungshandlung i.S.d. § 34 S. 2 StGB darstellen, müßte in einem Gesetz formuliert der Satz vor dem Grundgesetz Bestand haben: "Jeder hat nach seinem Tod die Entnahme von Organen zum Zwecke der Rettung eines konkret bedrohten Lebens oder zur Heilung schwerster Krankheiten zu dulden, sofern diese Ziele nicht in anderer Weise erreichbar sind."

---

573 Allerdings wird der Willensbruch zugunsten von höherwertigen Gemeinschaftsbelangen z.B. in der StPO, wie Wolflast, MMW 124 (1982), S. 108, zu recht betont, hingenommen und mit der Menschenwürde für vereinbar gehalten, vgl. auch oben, § 6, C. I..

574 Insoweit entsprechend Geilen und Albrecht, a.a.O..

575 Insoweit ist der in Fn. 556 genannten Ansicht zuzustimmen.

Kluth und Sander[576] verneinen diese Möglichkeit:
In der Regel würden als Solidarpflichten Geldleistungs- und Handlungspflichten auferlegt, die zwar Freiheit und Eigentum, aber nicht den Kern der Persönlichkeit betreffen würden. Die Einführung einer Solidarpflicht sei grundgesetzlich rechtfertigungsbedürftig, setze die Sicherung eines elementaren, existentiellen Lebenszweck voraus, müsse dem Übermaßverbot genügen und dürfe im Falle einfachgesetzlicher Begründung nicht zur Aufopferung höchstpersönlicher Rechtswerte verpflichten.

Sie übersehen dabei allerdings, daß die zum Vergleich dargelegten Handlungs- und Geldzahlungspflichten ausschließlich den lebenden Menschen betreffen. Eine Aussage über die Aufopferung höchstpersönlicher Rechtswerte nach dem Tode ist dadurch nicht getroffen. Im übrigen nennen sie z.B. die Ausnahme der Wehrpflicht, die sogar zur Aufopferung des Lebens führen könne. Die Einführung einer Solidarpflicht schließt daher die Aufopferung höchstpersönlicher Rechtswerte gerade nicht aus. Die Grenze wird durch das Übermaßverbot bestimmt. Die Grenze des Übermaßverbotes befindet sich bei einem Verstorbenen an anderer Stelle, als bei einem Lebenden:
Daß eine einfachgesetzlich geforderte Aufopferung höchstpersönlicher Rechtswerte vom Lebenden im Falle seines Todes nicht verlangt werden könne, kann angesichts der bereits erörterten Verwaltungssektionen[577] nicht behauptet werden.
Es gibt also Solidarpflichten, die das postmortale Selbstbestimmungsrecht tangieren, ohne daß eine Menschenwürdeverstoß angenommen wird.
Dabei kann es für die Angemessenheitsprüfung nicht darauf ankommen, ob der Eingriff in das postmortale Selbstbestimmungsrecht, wie bei den Verwaltungssektionen, zugunsten eines überragenden Gemeinwohls oder, wie hier, zugunsten der überragenden Interessen eines einzelnen erfolgen soll[578].
Die Abwägung der sich gegenüberstehenden Interessen ist bereits im Rahmen der Rechtsgüterabwägung zugunsten des Transplantatempfängers ausgegangen.
In der Angemessenheitsprüfung kommt es allein darauf an, ob die Möglichkeit besteht, den Willen des durch die Rettungshandlung Betroffenen zu überwinden.
Kann, wie das Vorhandensein der Verwaltungssektionen zeigt, der Wille des Verstorbenen überwunden werden, ohne daß dadurch die Menschenwürde des

576 Kluth, Sander, DVBl. 96, S. 1290 f.
577 Z. B. § 32 BSeuchenG, vgl. oben, § 6, C. I. 2..
578 Diese Unterscheidung macht aber Albrecht, S. 76, bei dem Blutspendenfall unter Lebenden im Vergleich zu den §§ 81a Abs. 1, 81c StPO, § 372a ZPO und §§ 10, 14 BSeuchenG.

Betroffenen verletzt wird, scheitert die Angemessenheit der Transplantatentnahme nicht daran, daß die Transplantatentnahme eine andere Eingriffsintensität hat als eine Sektion[579]. Zum einen könnte man die Sektion als einen viel intensiveren Eingriff in das Selbstbestimmungsrecht betrachten, da dem Leichnam insgesamt die Organe entnommen und diese in der Regel nach der Untersuchung entsorgt werden, also niemandem zugute kommen. Zum anderen ist die Eingriffsintensität eine Frage, die bei der Erforderlichkeit der Rettungshandlung[580] und bei der Güterabwägung[581] Berücksichtigung findet. Es geht bei der Angemessenheitsprüfung darum, ob der Wille des Verstorbenen überwunden werden darf, und nicht wie dies geschieht.
Ist daher davon auszugehen, daß der Wille des Verstorbenen in einer Ausnahmesituation überwunden werden darf, so bestimmt die Qualität der Ausnahmesituation den Grad des Respektes, welcher dem Verstorbenen entgegengebracht wird. Oder anders formuliert: Der Grad der Respektierung des postmortalen Selbstbestimmungsrechtes spiegelt sich in den Anforderungen wider, die an die Bejahung des rechtfertigenden Eingriffs, also an die Notstandssituation, gestellt werden.
Wer diese Voraussetzungen relativiert, der relativiert das Selbstbestimmungsrecht des Verstorbenen selbst. Er näherte sich dadurch der Betrachtung des Betroffenen als Objekt, da er die Aufopferung des postmortalen Selbstbestimmungsrechts nicht auf den elementaren Ausnahmefall beschränkt.
Die dem Toten verbliebene Menschenwürde verlangt daher, daß der Bejahung einer Notstandssituation engste Grenzen gesetzt werden.

Innerhalb dieser noch näher darzulegenden engsten Grenzen kann aber eine Entnahme von Organen auch gegen den ausdrücklichen Willen des Verstorbenen als angemessene Rettungshandlung i.S.d. § 34 S. 2 StGB betrachtet werden[582].

---

579 Auf die Eingriffsintensität beim Lebenden abstellend aber Albrecht, S. 76.
580 Vgl. unten, § 6, D. II. 4..
581 Vgl. oben, § 6, D. II. 1..
582 Ebenso Deutsch, Medizinrecht, Rn. 513.

3. Das Vorliegen einer konkreten gegenwärtigen Gefahr

Eine Notstandssituation, die einen Eingriff in fremde Rechtspositionen rechtfertigen soll, ist nur bei einer konkreten und gegenwärtigen Gefahr gegeben[583].

Eine notstandsfähige Gefahr setzt dabei voraus, daß bestimmte Umstände die Wahrscheinlichkeit des Eintrittes oder der Intensivierung eines Schadens, bzw. die Fortdauer einer schädigenden Einwirkung, begründen[584].

a) Das Vorliegen einer Gefahr bei der Entnahme von Organen zu Forschungszwecken

Die von § 34 StGB geforderte Konkretheit der Gefahr läßt sich bei der Entnahme von Organen zu Forschungszwecken nicht feststellen.
Wie bei der klinischen Sektion kommt der durch die Organentnahme zur Forschung zu erwartende Fortschritt für die medizinische Wissenschaft zwar späteren Empfängern in Form größerer Heilungschancen zu gute. Die Gefahr des Ausbleibens eines medizinischen Fortschritts ist aber, wie bei der klinischen Sektion, in Bezug auf den konkreten Eingriff lediglich abstrakt[585], so daß eine Notstandssituation bereits aus diesem Grund nicht bejaht werden kann[586].

b) Das Problem der Gegenwärtigkeit der Gefahr bei Nierenpatienten

Schwierigkeiten bereitet die Annahme einer gegenwärtigen Gefahr insbesondere bei einem Nierenpatienten.
Geht man davon aus, daß die Gegenwärtigkeit der Gefahr nur gegeben ist, wenn eine aktuelle und unmittelbare Kollision von Lebensinteresse und Persönlichkeitsrecht vorliegt, wenn also bei einem konkreten Patienten sich die Krankheit krisenhaft zuspitzt[587], so besteht bei Nierenpatienten bereits das

583 Vgl. Sch/Sch-Lenckner, § 34, Rn. 12 ff m.w.N..
584 BGHSt 18, 272; 26, 179; Tröndle, § 34, Rn. 3; Sch/Sch-Lenckner, § 34, Rn. 12 m.w.N..
585 Vgl. oben, § 6, D. I..
586 Erst die Gegenwärtigkeit der Gefahr verneinen LK-Dippel, § 168, Rn. 34; Sch/Sch-Lenckner § 168, Rn. 8; Albrecht, S. 90; Carstens, S. 134 f.
587 So z. B. Samson, NJW 74, S. 2032; Deutsch, Der Chirurg 51 (1980), S. 350 f.

Problem, daß eine Lebensgefahr durch eine Dialysebehandlung nahezu ausgeschlossen werden kann[588]. Wolfslast[589] hat aber zurecht darauf hingewiesen, daß eine Gefahr nicht lediglich bei einer krisenhaften Zuspitzung, sondern bereits dann vorliegt, wenn bei einer bereits eingetretenen Schädigung eine Intensivierung droht. Es reiche daher für die Gegenwärtigkeit der Gefahr nicht erst die dramatische Verschlimmerung des Gesundheitszustandes eines Dialysepatienten, sondern bereits das Sinken der Rettungschancen bei Unterlassen einer Transplantation aus[590]. Dieser Ansicht ist bereits deshalb zuzustimmen, weil sie dem Umstand Rechnung trägt, daß die Chance, den Eingriff zu überleben, umso größer ist, je eher die Transplantation erfolgt[591].

Eine schwere Nierenerkrankung, deren Verschlimmerung ohne Transplantation nahezu feststeht, ist daher eine konkrete und gegenwärtige Gefahr.

c) Die sog. Vorratshaltung von Organen

Nicht Gegenwärtig ist die Gefahr, sofern die entnommenen Organe Organbanken zugeführt werden sollen, um sie dort konserviert für zukünftige geeignete Empfänger bereitzuhalten[592].

Schreiber[593] gibt zwar zu bedenken, daß es für die Gegenwärtig-keit ausreichen müsse, daß die Entnahme zu einem Zeitpunkt erfolge, der für die Abwehr der sicher auftretenden konkreten Gefahr der geeignetste sei. Gegenwärtig sei daher auch die künftig sicher zu erwartende Gefahr, wenn allein jetzt eine Abwehrmaßnahme möglich sei.
Diese Betrachtung führt jedoch zu einer zu weitgehenden Abstraktion der Notstandssituation. Eine später "sicher auftretende konkrete Gefahr" ist keine konkrete gegenwärtige, sondern lediglich potentielle Gefahr, bei der zudem nichteinmal der konkret Gefährdete feststeht. Es kommt daher zur Zeit des

---

588 Vgl. dazu Schreiber, Internist 15 (1974), S. 556, Klug-FS, S. 352; Wolfslast, MMW 124 (1982), S. 107; Tröndle, § 168, Rn. 4.

589 Wolfslast, a.a.O..

590 Zustimmend Schreiber, Klug-FS, S. 352.

591 Vgl. auch Carstens, S. 133.

592 Sog. Vorratshaltung. Vgl. Sch/Sch-Lenckner, § 168, Rn. 8; LK-Dippel, § 168, Rn. 34; Samson, NJW 74, S. 2032; Albrecht, S. 88; Carstens, S. 135; Geilen, JZ 71, S. 48, erblickt in diesem Bereich die wesentliche Bedeutung der Einwilligung; a. A. Korthals, S. 143, allerdings ohne auf Notstandsgesichtspunkte hinreichend einzugehen.

593 Schreiber, Internist 15 (1974), S. 556.

Eingriffs in das Rechtsgut des Spenders nicht zu der für § 34 StGB zu fordernden Konfliktlage zwischen Empfänger und Spender[594].

d) Die Problematik der Gegenwärtigkeit der Gefahr bei der Verteilung von Organen über Organverteilungszentren

Eine ähnliche Problematik besteht auch bei der Inanspruchnahme von Organverteilungszentren.

Die spezifische Konfliktlage ist nicht allein deshalb zu verneinen, weil das Organ, nach Übermittlung der Daten an Eurotransplant[595], zu einem Empfänger irgendwo in Europa transportiert werden muß.
Diese weiträumige Verteilung läßt Samson[596] zwar von einer "Verdünnung" der Kollisionslage sprechen, welche nicht dem Bild krisenhafter Zuspitzung i.S.d. § 34 StGB entspreche.
Samson übersieht allerdings, daß die spezifische Kollision der Rechtsgüter auch bei räumlicher Entfernung unproblematisch bejaht werden kann:
Zunächst spricht nicht gegen die Annahme einer Rechtsgüterkollision, daß sich Spender und Empfänger nicht im Wortsinne "gegenüberstehen." "Kollidieren" müssen die Rechtsgüter, nicht die Rechtsgutsträger! Die räumliche Entfernung ist daher für die Frage des Notstandes unerheblich[597].
Von einer Verdünnung der Kollisionslage könnte man daher nur aus dem Grund sprechen, daß europaweit auch andere potentielle Spender vorhanden sind, die ebensogut die Gefahr für den potentiellen Empfänger abwenden könnten.
Die Situation, mehrere gleichartige und gleichgeeignete Mittel zur Abwendung einer Gefahr zur Verfügung zu haben, ist für die Notstandssituation jedoch nicht unüblich[598]. Bei gleichgeeigneten Mitteln führt erst die konkrete Rettungshandlung zur Kollision der beteiligten Rechtsgüter. Es reicht dabei aus, wenn die Konkretisierung der Rechtsgüterkollision im Augenblick der Rettungsmaßnahme geschieht[599].

---

594 Im Ergebnis auch Carstens, S. 134.
595 Vgl. oben, § 1, B. I..
596 Samson, NJW 74, S. 2032.
597 So auch Albrecht, S. 89.
598 Z. B. ist für die Lebensrettung eines Verletzten jedes Auto auf dem Parkplatz ein gleichgeeignetes Mittel.
599 Grebing, GA 79, S. 87 f; vgl. auch Sch/Sch-Lenckner, § 34, Rn. 21.

Was gegen eine gegenwärtige Gefahr spricht ist jedoch, daß im Augenblick der Rettungsmaßnahme, also im Augenblick der Entnahme des Organs, die abzuwendende Gefahr feststehen muß.
Nur wenn der Empfänger bereits bekannt ist, kann es überhaupt zu einer Kollision der Rechtsgüter im Augenblick der Rettungsmaßnahme kommen[600].
Sofern erst der Empfänger ermittelt werden kann, nachdem die notwendigen Untersuchungen am Organ bereits erfolgt sind, ist die Rettungshandlung nicht durch eine konkrete Gefahr bedingt[601], der "rettende Eingriff" erfolgt, bevor der "Zurettende" feststeht.
Im übrigen würde "die Tat" in einem solchen Fall auch nicht begangen, "*um die Gefahr von einem anderen abzuwenden*", § 34 StGB.
Die Gegenwärtigkeit kann man daher bei der jetzigen Organverteilungspraxis nur bejahen, sofern man die Tatsache ausreichen läßt, daß der Empfänger zum Zeitpunkt der Explantation dem explantierenden Team zwar nicht bekannt, er aber mit Sicherheit schon vorhanden war[602].
Eine derartige Betrachtung läuft allerdings in Gefahr, den Spender zum bloßen Objekt werden zu lassen[603]. Es hieße die elementare Ausnahmesituation zum Regelfall werden zu lassen, wenn die hohe Wahrscheinlichkeit, einen Empfänger für das Organ zu finden, ausreicht, um eine gegenwärtige Gefahr für diesen Spender anzunehmen[604].
§ 34 StGB ist nicht dazu geeignet, die unzureichende Bereitschaft in der Gesellschaft, Organspender zu werden, auszugleichen.

Eine Notstandssituation ist daher nur gegeben, wenn vor der Explantation der Empfänger feststeht[605], sei es, daß andere Möglichkeiten gefunden werden, geeignete Empfänger zu ermitteln, sei es, daß z.B. die Frage der Histokompatibilität aufgrund der Weiterentwicklung immunsuppressiver Mittel in den Hintergrund tritt, annähernd jedes Organ also jedem Empfänger zur Verfügung gestellt werden könnte[606].
Solange die medizinische Situation so nicht gegeben ist, kann, wie bei der Vorratshaltung, eine gegenwärtige Gefahr bei der Weiterleitung an ein Organverteilungszentrum nicht angenommen werden.

---

600 A.A. Wolfslast, MMW 124 (1982), S. 107; ebenso wohl Albrecht, S. 89.
601 Ebenso LK-Dippel, § 168, Rn. 34 m.w.N.; Tröndle, § 168, Rn. 4.
602 So Wolfslast, a.a.O..
603 Vgl. oben, § 6, D. II. 2. b). Wolfslast, a.a.O., hält allerdings eine Entnahme gegen den ausdrücklichen Willen des Verstorbenen für nicht angemessen i.S.d. § 34 S. 2 StGB, vgl. dazu oben, § 6, D. II. 2. a), so daß sie in eine derartige Gefahr nicht gerät.
604 Die Umkehr des Regel-Ausnahme-Verhältnisses ebenfalls kritisierend Kaiser in Mergen, S. 54 f.
605 Dippel, Tröndle, a.a.O..
606 Vgl. dazu auch Schreiber, Klug-FS, S. 352.

4. Das Vorliegen einer nicht anders abwendbaren Gefahr

Steht der Empfänger für das Organ des Verstorbenen fest, kann also eine gegenwärtige Gefahr bejaht werden, darf die für den Empfänger drohende Lebensgefahr oder Gefahr der Gesundheitsverschlechterung nicht anders abwendbar sein.

Damit ist nichts anderes gemeint, als daß die Rettungshandlung zur Abwendung der Gefahr erforderlich, d. h. geeignet und das relativ mildeste Mittel, sein muß[607].

a) Die Geeignetheit der Transplantation

Geeignet ist die geplante Operation, wenn sie die Aussicht bietet, die Krankheit des Organempfängers zu heilen oder zu lindern. Eine 100 %ige Erfolgsaussicht bzw. eine an Sicherheit grenzende Wahrscheinlichkeit kann dabei nicht verlangt werden. Ausgeschlossen werden durch die Voraussetzung der Geeignetheit daher nur Transplantationen, die sich noch im experimentellen Stadium befinden, bei denen die Erfolgsaussichten nicht hinreichend bekannt sind[608], es sich also um eine ganz unwesentliche Erhöhung der Rettungschance handelt[609].

b) Der Grundsatz des relativ mildesten Mittels

Der Grundsatz des relativ mildesten Mittels besagt, daß eine Notstandsrechtfertigung dann nicht in Betracht kommt, wenn weniger einschneidende Maßnahmen, die aber gleichgeeignet sind, zur Verfügung stehen[610].

Die eigenmächtige Entnahme eines Organs ist dann nicht das relativ mildeste Mittel, wenn auf Organe zurückgegriffen werden kann, die von Organbanken herrühren, oder die von anderen mit deren Einwilligung erhalten werden

---

607 Sch/Sch-Lenckner, § 34, Rn. 18 ff m.w.N..
608 Schreiber, Internist 15 (1974), S. 556.
609 Albrecht, S. 91.
610 Sch/Sch.Lenckner, § 34, Rn. 20.

können. Die eigenmächtige Organentnahme muß also "ultima ratio" zur Rettung eines Schwerkranken sein, um dem besonderen Ausnahmecharakter des rechtfertigenden Notstands angemessen zum Ausdruck zu bringen[611]. Albrecht[612] weist dabei zutreffend darauf hin, daß die Organbankproblematik sich im Rahmen der Notstandsprüfung daher von zwei Seiten zeigt:
Nur wenn genügend Organe bevorratet würden, brauche man nicht auf den rechtfertigenden Notstand und damit auf einen Eingriff ohne Zustimmung der Betroffenen zurückzugreifen. Andererseits verbiete das Erfordernis einer gegenwärtigen Gefahr eine Transplantatentnahme unter Notstandsgesichtspunkten zum Zwecke der Bevorratung.

c) Das Verhältnis zwischen rechtfertigender Einwilligung und § 34 StGB

Steht nach alldem fest, daß für einen bestimmten schwerkranken Patienten, bei dem von einer Verschlechterung seines Gesundheitszustandes ohne die Transplantation sicher auszugehen ist, keine Möglichkeit besteht, ein geeignetes Organ über eine Organbank oder in anderer Weise mit Zustimmung des Spenders zu erhalten, ist weiterhin umstritten, ob für die Erforderlichkeit der Rettungshandlung die Notwendigkeit der Explantation zur Lebensrettung oder Gesundheitsverbesserung ausreicht[613] oder ob auch feststehen muß, daß die Einwilligung des Berechtigten nicht erlangt werden kann, also ob zunächst versucht werden muß, eine Einwilligung vom Berechtigten zu erhalten[614].

Die letztere Ansicht begründet die Notwendigkeit des Versuchs, eine Zustimmung für die Organentnahme von den Angehörigen zu erhalten, damit, daß ohne einen solchen ernsthaften Versuch der eigentliche Strafschutz unterlaufen würde[615].

---

611 Stentenbach, S. 192; Peuster, Med.Klin. 67 (1972), S. 683; von Bubnoff, S. 74.

612 Albrecht, S. 92 f.

613 So OLG Frankfurt, JZ 75, S. 379, 380; LK-Dippel, § 168, Rn. 33; SK-Rudolphi, § 168, Rn. 8; Maurach/Schroeder/Maiwald, BT 2, § 62 III, Rn. 13; Roesch, VersR 70, S. 1088; Geilen, JZ 74, S. 47; Schreiber, Klug-FS, S. 351, Fn. 56; Internist 15 (1974), S. 554 f; Roxin, JuS 76, S. 508 f; Carstens, S. 135 f; Stentenbach, S. 186.

614 So von Bubnoff, GA 68, S. 74; dem zustimmend Hanack, Studium Generale 23 (1970), S. 439 f; Kirschbaum, Med.Klin. 66 (1971), S. 1630; Eichholz, NJW 68, S. 2075; LG Bonn, JR 71, S. 56, 59 f; dem zustimmend, Deutsch, VersR 70, S. 720; wohl auch Laufs, VersR 72, S. 8.

615 von Bubnoff, Hanack, Kirschbaum, a.a.O..

Die These der Subsidiarität des rechtfertigenden Notstandes zur rechtfertigenden Einwilligung stützt sich auf folgenden vom LG Bonn in seinem sog. "Gütgemann-Urteil"[616] entwickelten Gedankengang:
Die Verletzung eines minderwertigen Rechtsgutes sei nur gerechtfertigt, wenn sie das erforderliche und einzige Mittel zur Rettung des höherwertigen Rechtsgutes sei. Gäbe es einen anderen Ausweg aus der Zwangslage, so läge keine echte Kollision, die der rechtfertigende Notstand zwingend voraussetze, vor. Auf rechtfertigenden Notstand könne sich deshalb nicht berufen, wem z. B. ein anderes gleichwertiges Organ, etwa von einer Organbank, zur Verfügung stehe. Die Zwangssituation wäre aber ebenso vermeidbar, wenn der Organspender selbst oder seine nächsten Angehörigen der Organentnahme zustimmten. Die Pflicht, sich um die Zustimmung zu bemühen, ergebe sich dabei aus dem Ausnahmecharakter des rechtfertigenden Notstandes. Eine Rechtfertigung setze demnach voraus, daß zuvor alle erkennbaren und zu verwirklichenden Möglichkeiten zur Vermeidung einer ansich ungerechtfertigten Verletzung der Rechte Dritter ausgeschöpft seien.
Nur auf diese Weise hätten die Anghörigen die Möglichkeit, sich in Zweifelsfällen zu vergewissern, ob der Tod des potentiellen Organspenders zum Zeitpunkt der Entnahme auch tatsächlich eingetreten sei, und bei berechtigten Zweifeln die Organentnahme zu verhindern.
Letztendlich diene diese Vorgehensweise dem Vertrauensverhältnis zwischen Arzt und Patient.
Nicht entscheidend sei der Umstand, daß nach Verweigerung der Zustimmung die Entnahme dennoch erfolgen könne. Man könne nicht mit Sicherheit behaupten, daß trotz des erheblichen Widerstands der Angehörigen, aus möglicherweise achtenswerten Gründen, die Entnahme durchgeführt werde.
Im übrigen sei auch anerkannt, daß bei disponiblen Rechtsgütern in einem Rechtsstaat zuerst gefragt werden müsse, ob man das Rechtsgut zur Verfügung stelle[617].

Dieser These kann nicht entgegengehalten werden, eine solche Vorgehensweise fördere die Kommerzialisierung der Organspende in der Weise, daß die Angehörigen sich ihre Zustimmung abkaufen lassen könnten[618].
Eine derartige Argumentation läuft auf eine Bagatellisierung des postmortalen Selbstbestimmungsrechtes hinaus, indem denjenigen eigennützige Motive

616 Das LG Bonn, a.a.O., entwickelte die Subsidiaritätsthese zu dem zu der Zeit noch übergesetzlichen Notstand. Der Gedankengang ist aber ohne weiteres auf § 34 StGB übertragbar.

617 Deutsch, Medizinrecht, Rn. 512.

618 So aber den Gedanken von Kohlhaas, NJW 67, S. 1491, aufnehmend Roesch, VersR 70, S. 1088; ebenso Schreiber, Internist 15 (1974), S. 555.

unterstellt werden, die als Sachwalter der Interessen des Verstorbenen dessen Rechte zu schützen haben, dessen Durchsetzung gerade garantieren.
Wer eine Kommerzialisierung der Organspende verhindern will, braucht lediglich derartige "Geschäfte" als sittenwidrig i.S.d. § 138 Abs. 1 BGB zu qualifizieren.
Willigt der Totenfürsorgeberechtigte nur aufgrund eines ausgehandelten Geldbetrages in die Explantation ein, so ist eine Strafbarkeit für den explantierenden Arzt gem. § 168 StGB nicht gegeben. Aufgrund der Nichtigkeit des Rechtsgeschäftes gem. § 138 Abs. 1 BGB muß der ausgehandelte Betrag nicht bezahlt werden[619]. Die zivilrechtlich rechtswidrige Organentnahme hat auch keine Schadensersatzfolgen, soweit kein anderer gleichrangiger Totenfürsorgeberechtigter vorhanden ist, denn der "schachernde" Totenfürsorgeberechtigte kann einen Schadensersatzanspruch aus der Verletzung seiner Rechte gem. § 823 Abs. 1 BGB nicht geltend machen, § 242 BGB[620].

Es stehen aber andere gewichtige Gründe gegen die Annahme eines Subsidiaritätsverhältnisses zwischen Notstand und Einwilligung.
Ein derartiges Subsidiaritätsverhältnis von Rechtfertigungsgründen untereinander ist dem geltenden Recht nicht zu entnehmen[621]. Die Einwilligung und § 34 StGB verfolgen unterschiedliche Ziele und können die Rechtswidrigkeit ausschließen, ohne in einem funktionellen Zusammenhang zu stehen[622]. Besteht eine dem § 34 StGB entsprechende Konfliktsituation, kann unabhängig vom Willen des Rechtsgutsträgers in das geringerwertige Rechtsgut eingegriffen werden. Der Betroffene trüge durch seine Einwilligung daher ohnehin nur dem Umstand Rechnung, daß er den durch § 34 StGB gerechtfertigten Eingriff nicht verhindern kann[623].
"Erforderlich" sein muß schließlich die <u>Tat</u>, also die Entnahme des Organs beim Verstorbenen, nicht aber gerade ihre Rechtfertigung über § 34 StGB[624]. Selbst wenn man die Unumgänglichkeit des Eingriffs nicht nur auf die Rechtsgutsverletzung sondern auch auf das Nichtvorhandensein anderer Rechtfertigungsmöglichkeiten bezöge, setzte das Vorhandensein der rechtfertigenden Einwilligung zumindest eine gewisse Erfolgsaussicht auf Zustimmung durch

619 Ist er bezahlt, kann er allerdings auch nicht zurückverlangt werden, vgl. § 814 BGB.
620 Wegen unzulässiger Rechtsausübung in Form des individuellen Rechtsmißbrauchs.
621 Carstens, S. 135.
622 Schreiber, Klug-FS, S. 351.
623 Ebenso Carstens, S. 136; a.A. LK-Dippel, § 168, Rn. 33; es sei grundsätzlich zunächst zu prüfen, ob das Rechtsgut zur Verfügung stehe. Die vorherige Befragung lehnt er deshalb nur wegen der Ausnahmesituation, in der sich die Angehörigen befänden, ab.
624 Vgl. Maurach/Schroedere/Maiwald, BT 2, § 62 III, Rn. 13; Roxin, JuS 76, S. 509.

die Angehörigen voraus, um die Erforderlichkeit des Eingriffs ohne vorherige Befragung verneinen zu können. Die paradoxe Folge einer solchen Annahme hat bereits Geilen[625] deutlich gemacht:
"*Ausgerechnet diejenige Fallkonstellation, bei der die Einwilligung potentiell erteilt worden wäre, wäre der die Erforderlichkeit i.S.d. § 34 StGB ausschließende und deshalb die Rechtswidrigkeit begründende Fall. Oder anders formuliert: Ausgerechnet auf der Linie einer wenn auch hypothetischen Rechtfertigungsmöglichkeit würde die Rechtwidrigkeit beginnen.*"
Im übrigen kann angesichts der Kompliziertheit des Hirntodkriteriums von einer Kontrollmöglichkeit in Zweifelsfällen, wie sie das LG Bonn fordert, nicht gesprochen werden[626].
Auch die Möglichkeit, der Arzt könnte sich von der ablehnenden Haltung der Angehörigen zu einem Verzicht auf die Organentnahme bewegen lassen, kann die Subsidiaritätsthese nicht stützen. Der mögliche subjektiv bedingte Verzicht auf einen gerechtfertigten Eingriff spricht nicht gegen die objektiv gegebene Erforderlichkeit desselben. Der Handelnde muß nicht zum Eingriff bereit sein, um diesen erforderlich werden zu lassen. Eine derartige Argumentation läuft letztendlich unsachgemäß darauf hinaus, den Ärzten eine mangelnde Abwägung mit den Interessen der Betroffenen zu unterstellen.

Geht man, wie hier vertreten, von der Möglichkeit aus, auch den ausdrücklichen Willen des Verstorbenen in einer Notstandssituation überwinden zu können, wird die Unsachgemäßheit der Annahme eines Subsidiaritätsverhältnisses besonders deutlich:
Obwohl wegen der Notstandssituation der ausdrücklich geäußerte Wille des Verstorbenen überwunden werden könnte, soll die Rechtfertigung des Eingriffes daran scheitern, daß die Angehörigen nicht zuvor um ihre Zustimmung ersucht wurden.

Liegt daher eine Notstandssituation vor, mit der Folge, daß der Wille des Verstorbenen und seiner Angehörigen überwunden werden kann, so ist die Erforderlichkeit der eigenmächtigen Organentnahme ohne vorherigen ernsthaften Versuch, von den Angehörigen eine Einwilligung zur Entnahme zu erhalten, gegeben.

625 Geilen, JZ 71, S. 47.
626 So auch Schreiber, Internist 15 (1974), S. 555; Carstens, S. 136 m.w.N..

III. Zwischenergebnis

Zusammenfassend kann demnach für die Rechtfertigung der eigenmächtigen Leichenteilentnahme aus Notstandsgesichtspunkten folgendes festgehalten werden:

Für den Bereich der klinischen Sektion kommt eine Rechtfertigung aus § 34 StGB mangels konkreter Gefahr nicht in Betracht.

Die Konkretheit der Gefahr muß auch bei der Entnahme von Organen zu Forschungszwecken verneint werden.
Zur Rettung eines mit dem Leben bedrohten, oder zur Gesundheitsverbesserung eines schwerkranken Patienten kann die eigenmächtige Organentnahme bei einem Verstorbenen auch gegen dessen ausdrücklichen Willen eine angemessene Rettungshandlung i.S.d. § 34 S. 2 StGB sein. Den Notstandsvoraussetzungen sind dabei aufgrund der auch dem Verstorbenen zukommenden Menschenwürde, deren Nachwirkung insbesondere in seinem postmortalen Selbstbestimmungsrecht zum Ausdruck kommt, engste Grenzen gesetzt, um dem absoluten Ausnahmecharakter der Überwindung des Selbstbestimmungsrechtes Rechnung zu tragen.
Für die Gegenwärtigkeit der Gefahr reicht nicht erst die dramatische Verschlimmerung des Gesundheitszustandes aus, sondern bereits das Sinken der Rettungschancen bei Unterlassen einer Transplantation.
Der rechtfertigende Notstand verlangt zwingend, daß der Empfänger des Organs vor dem ihn rettenden Eingriff feststeht. Eine nach der Entnahme erfolgende Zuordnung des Organs durch Übermittlung desselben an ein Organverteilungszentrum und eine Organentnahme zur Vorratshaltung können mangels Vorliegen einer gegenwärtigen Gefahr daher nicht über § 34 StGB gerechtfertigt werden.
Ist die eigenmächtige Entnahme eines Organs die einzige Möglichkeit, die notwendige Transplantation beim konkret feststehenden Empfänger durchzuführen, bedarf es keines vorherigen Versuchs, eine Einwilligung zur Entnahme von den Angehörigen zu erhalten; rechtfertigender Notstand und Einwilligung sind selbständige Rechtfertigungsgründe.

§ 7 Folgerungen aus der Untersuchung

A. Fehlende Rechtssicherheit

Die Untersuchung hat gezeigt, daß auch heutige Probleme des Pietätsschutzes durch § 168 StGB erfaßt werden können.
Allerdings ist auch deutlich geworden, daß die Begriffe "Gewahrsam" und "Wegnahme" heute derart stark mit dem Diebstahlstatbestand in Verbindung gebracht werden, daß Verständnisschwierigkeiten bei ihrer Benutzung in anderen Zusammenhängen als in § 242 StGB nahezu zwingend sind. Insbesondere die von der Wegnahmealternative hauptsächlich betroffenen Ärzte sind neben den Angehörigen die Leidtragenden fehlender Rechtssicherheit.

B. Lösungsvorschläge

I. Spezialgesetzliche Regelungen für Ärzte

Im Bereich des medizinisches Umgangs mit Leichnamen ist es weder den Angehörigen noch den Ärzten zuzumuten, daß die Grenzen der Strafandrohung noch immer nicht abschließend geklärt sind.

Ein wichtiger Schritt zu mehr Rechtssicherheit ist größere Rechtsklarheit.
Die Schaffung des Transplantationsgesetzes ist insbesondere deswegen zu begrüßen, weil es im Bereich der Transplantation zu mehr Rechtssicherheit geführt hat[627]. Spezialgesetzliche Regelungen für die übrigen Bereiche sind aber ebenso dringend erforderlich.

Bei den hier diskutierten Verhaltensweisen, wie z.B. der klinischen Sektion oder der Entnahme von Leichenteilen zu kommerziellen Zwecken, ist zu beachten, daß für den Umgang mit Leichnamen im Gesundheitswesen allgemein, also außerhalb der Regelung für die Transplantation in Art. 74 Abs. 1 Nr. 26 GG[628], die Gesetzgebungskompetenz bei den Ländern liegt[629].

---

627 Vgl. oben, § 1, B. I..
628 Eingeführt durch Gesetz vom 27.10.1994, vgl. BGBl. I, S. 3146.
629 Ebenso Steffen, S. 151.

Für eine rein strafrechtliche Lösung hätte der Bund zwar gem. Art. 74 Abs. 1 Nr. 1 GG die Gesetzgebungskompetenz, eine Regelung macht aber nur Sinn, soweit auch die Zulässigkeitsvoraussetzungen positiv gesetzlich geregelt würden.

Der Gesetzgeber hat sich im TPG für die erweiterte Zustimmungslösung entschieden. Hieran sollten sich weitere Regelungen im medizinischen Bereich nunmehr orientieren, um die gewonnene Rechtssicherheit nicht durch unterschiedliche Regelungen, je nach Bereich, wieder zu konterkarieren.

Bei der Regelung der klinischen Sektion sollten weiterhin die heutigen Erkenntnisse zum postmortalen Selbstbestimmungsrecht berücksichtigt werden. Dem postmortalen Selbstbestimmungsrecht wird dabei nur dann entsprochen, wenn klinische Sektionen grundsätzlich der Zustimmungspflicht unterfallen. Auch eine Sektion, bei der nach Abschluß sämtliche Bestandteile wieder zur Bestattung in den Körper zurückgelegt werden, tangiert das Selbstbestimmungsrecht.

II. Gesetzliche Regelung des Totenfürsorgerechts

Eine Ausweitung der Regelungen, die eine Zustimmungsmöglichkeit für Angehörige eröffnen, macht auch eine einheitliche gesetzliche Regelung dieses Angehörigenbegriffs notwendig. Hierzu bietet sich das Institut des Totenfürsorgerechts an. Die einzelnen Regelungen der Spezialgesetze bräuchten dann nur noch auf die Zustimmung des Totenfürsorgeberechtigten abzustellen, ohne jeweils Inhalt, Reihenfolge und Umfang des Rechts im einzelnen festlegen zu müssen. Am Beispiel des wortreichen § 4 TPG wird deutlich, daß mit der Regelung des Angehörigenbegriffs in einem eigenen Tatbestand die Bestimmungen an Klarheit und Übersichtlichkeit gewännen.
Inhaltlich sollten bei der Gesetzgebung die oben unter § 5 I. 2. dargelegten Grundsätze Berücksichtigung finden:
Damit gehört die Regelung in das Familienrecht des BGB. Insbesondere der Charakter als Plichtrecht und die Sachwaltereigenschaft des Berechtigten müssen herausgestellt werden. Eine Reihenfolge der Totenfürsorgeberechtigten als Indiz für die Nähebeziehung zum Verstorbenen sollte ebenso vorhanden sein, wie eine Ausnahmeregelung, ähnlich derjenigen in § 4 Abs. 2 TPG, für Personen, die dem Verstorbenen tatsächlich näher standen.

Da es sich bei der Nähebeziehung zum Verstorbenen um einen inneren, von außen schwer wahrnehmbaren, Umstand handelt, bedarf es bei Streit über das Recht zur Totenfürsorge unter den Hinterbliebenen einer eindeutigen Klärung. Ein Bedarf hierzu besteht nicht nur für die Angehörigen, sondern insbesondere für diejenigen, die die Zustimmung des Totenfürsorgeberechtigten brauchen. Eine gerichtliche Lösung hilft dabei nur bedingt weiter, denn die Zustimmung muß möglichst schnell erreicht werden können. Daher sollte eine Regelung des Totenfürsorgerechts auch die Möglichkeit der Erteilung eines "Totenfürsorgeberechtigungsscheins", ähnlich der Regelung des Erbscheins in §§ 2353 ff BGB, enthalten. Der Zustimmungsempfänger könnte sich dann entsprechend der Regelung des § 2365 BGB zumindest auf die Vermutung der Richtigkeit des ihm vom Zustimmenden vorgelegten "Totenfürsorgerechtigungsscheins" stützen.

III. Neufassung des § 168 Abs. 1 StGB

Als Auffangtatbestand muß neben den spezialgesetzlichen Regelungen auch § 168 StGB bestehen bleiben. Sämtliche Eingriffe in das Obhutsrecht des Totenfürsorgeberechtigten werden nicht spezialgesetzlich geregelt werden können. Allerdings gehört zu Rechtsklarheit auch eine verständliche Formulierungsweise. Die jetzige Fassung ist, im Bemühen jede Pietätsverletzung erfassen zu können, nahezu unverständlich geworden. Die Trennung der Tatbestandsobjekte in zwei Absätze durch das 6. StRG ist als erster Schritt zu mehr Verständlichkeit zu begrüßen.

Hinsichtlich des Absatzes 1 sollte man sich von der Formulierung "Gewahrsam des Berechtigten" und vom Wegnahmebegriff trennen, um auch sprachlich mehr Rechtsklarheit zu erreichen. In Bezug auf Teile des Körpers bietet sich der Begriff "entnehmen" an. Hinsichtlich des Leichnams oder seiner Asche könnte auf den Begriff "entziehen" abgestellt werden[630].
Mit der Regelung des Totenfürsorgerechts im BGB könnte ferner der Begriff "Berechtigter" durch den Begriff "Totenfürsorgeberechtigter" ersetzt werden.

Die Aufnahme der toten Leibesfrucht in § 168 StGB ist eher unglücklich. Die beispielsweise bei Schwangerschaftsabbrüchen erhaltenen Embryonen und Feten sind nicht Gegenstand der Pietät, so daß Angehörige auch nicht auf ihre

630 Steffen, S. 157, schlägt allein den Begriff "entziehen" vor.

Bestattung bestehen. Der Umgang mit der toten Leibesfrucht sollte besser in den oben vorgeschlagenen spezialgesetzlichen Regelungen für Ärzte enthalten sein.

Der Wortlaut des § 168 Abs. 1 StGB könnte demnach heißen:

"*Wer unbefugt dem Totenfürsorgeberechtigten den Körper oder die Asche eines verstorbenen Menschen entzieht, Teile des Körpers eines verstorbenen Menschen entnimmt oder wer daran beschimpfenden Unfug verübt, wird mit Freiheitsstrafe bis zu drei Jahren oder mit Geldstrafe bestraft.*"

Literatur

Albrecht, Volker: Die rechtliche Zulässigkeit postmortaler Transplantatentnahmen, Marburg 1986.

Albrecht, Wilhelm Eduard: Die Gewere als Grundlage des älteren deutschen Sachenrechts, Königsberg 1828.

Becker, Walter: Der Umfang des Rechts öffentlicher Krankenanstalten zur Obduktion von Leichen, JR 1951, S. 328.

Bieler, Frank: Persönlichkeitsrecht, Organtransplantationen und Totenfürsorge, JR 1976, S. 224 ff.

Bieri, Richard: Der strafrechtliche Schutz des Totenfriedens, Freiburg 1954.

Bittner, Wolfgang: Zur Abgrenzung von Trickdiebstahl, Betrug und Unterschlagung- OLG Köln, MDR 1973, S. 866, JuS 1974, S. 156 ff.

Blankenburg, Gerhard: Der Tatbestand des § 168 des Strafgesetzbuches, Diss. Greifswald 1922.

Blume, Wilhelm von: Fragen des Totenrechts, Archiv für civilistische Praxis 112 (1914), S. 367 ff.

Bockelmann, Paul: Strafrecht des Arztes, Stuttgart 1968.

Bode, Kurt: Zur Frage der Strafbarkeit und Zulässigkeit klinischer Sektionen, Zentralblatt für Allgemeine Pathologie und Pathologische Anatomie 86 (1950), S. 368 ff.

Bringewat, Peter: Die Wiederverwendung von Herzschrittmachern -Strafrechtliche Aspekte einer fragwürdigen medizinischen Versorgung-, JuS 1984, S. 61 ff.

Bringewat, Peter: Strafrechtsklausur: Der lukrative Herzschrittmacher, JuS 1981, S. 211 ff.

Brackmann, Kurt: Anmerkung zu OLG Frankfurt, Blutalkohol 1977, S. 346 f,
Blutalkohol 1977, S. 347 ff.

Bubnoff, Eckhard von: Rechtsfragen zur homologen Organtransplantation aus der Sicht des Strafrechts, Goltdammer`s Archiv für Strafrecht 1968, S. 65 ff.

Bucher, E.: Rechtliche Probleme im Zusammenhang der Transplantatbeschaffung, in: Largiader, Felix (Hrsg.), Organtransplantation, Stuttgart 1966, S. 75 ff.

Bunte, Hermann-Josef: Die neue Konditionenempfehlung "Allgemeine Vertragsbedingungen für Krankenhausbehandlungs-Verträge", NJW 1986, S. 2351.

Carstens, Thomas: Das Recht der Organtransplantation, Frankfurt a. M., 1978.

Conrads, Christoph: Eurotransplant und UNOS -Modelle der Organallokation?, MedR 1996, S. 300 ff.

Deutsch, Erwin: Medizinrecht, 3. Auflage, Berlin 1997.

Deutsch, Erwin: Anmerkungen zu LG Bonn, VersR 1970, S. 715 (entspricht JZ 1971, S. 56 ff), VersR 1970, S. 719 f.

Deutsch, Erwin: Brauchen wir das Transplantationsgesetz?, Der Chirurg 1980, S. 349 ff.

Deutsch, Erwin: Anmerkung zu BGH, NJW 1990, S. 2313 ff, NJW 1990, S. 2315.

Deutsch, Erwin: Das Transplantationsgesetz vom 5.11.1997, NJW 1998, S. 777 ff.

Dolzer, Rudolf/ Vogel, Klaus: Bonner Kommentar zum Grundgesetz, Band 1 -Einleitung bis Art. 3 GG, Heidelberg 1997.

Ehlers, Alexander P. F.: Die Sektion zwischen individuell erklkärter Einwilligung und Allgemeinen Geschäftsbedingungen in Krankenhausaufnahmeverträgen; Vortrag im Rahmen des IV. Einbecker Workshop vom 13. bis 14. Oktober 1990, abgedruckt in: MedR 1991, S. 227 ff.

Eichholz, Jürgen: Die Transplantation von Leichenteilen aus zivilrechtlicher Sicht, NJW 1968, S. 2272 ff.

Georg Eisen (Hrsg.): Handwörterbuch der Rechtsmedizin für Sachverständige und Juristen, Band 1, Frankfurt 1977.

Ennecerus, Ludwig/ Nipperdey, Hans Carl: Allgemeiner Teil des Bürgerlichen Rechts, Halbband I, 15. Auflage, Tübingen 1959.

Fischer, Walther: Unerlaubte Leichensektionen?, Zentralblatt für Allgemeine Pathologie und Pathologische Anatomie 86 (1950), S. 417 ff.

Forkel, Hans: Verfügungen über Teile des menschlichen Körpers, JZ 1974, S. 593 ff.

Franzki, Harald: Die klinische Sektion aus juristischer Sicht; Vortrag im Rahmen des IV. Einbecker Workshop vom 13. bis 14. Oktober 1990, abgedrukt in: MedR 1991, S. 223 ff.

Gaedke, Jürgen: Handbuch des Friedhofs- und Bestattungsrechts, 6. Auflage, Köln, Berlin, Bonn, München, 1992.

Geerds, Friedrich: Leichensachen und Leichenschau aus juristischer Sicht, MedR 1984, S. 172 ff.

Geilen, Gerd: Probleme der Organtransplantation, JZ 1971, S. 41 ff.

Geilen, Gerd: Anmerkung zu OLG Frankfurt, JZ 1975, S. 379, JZ 1975, S. 380 ff.
Gössel, Karl Heinz: Über die Vollendung des Diebstahls, ZStW 85 (1973), S. 591 ff.
Goltdammer: Goltdammer Materialien zum Strafgesetzbuch für die preußischen Staaten, Teil II, Berlin 1852.
Grebing, Gerhardt: Die Grenzen des rechtfertigenden Notstands im Strafrecht, Goltdammer`s Archiv für Strafrecht 1979, S. 81 ff.
Grewel, Hans: Zwischen Lebensrettung und Euthanasie - das tödliche Dilemma der Transplantationsmedizin, ZRP 1995, S. 217 ff.
Gribbohm, Günter: Der praktische Fall, Strafrechtsklausur, JuS 1971, S. 200.
Gropp, Walter: Ersatz- und Zusatz-Implantat -Rechtspolitische Überlegungen zur Zuordnung künstlicher Körper-Implantate, JR 1985, S. 181 ff.
Gruber, Georg B.: Leichenöffnung und Pietät, Zentralblatt für Allgemeine Pathologie und Pathologische Anatomie 86 (1950), S. 421 ff.
Gucht, Wolfgang: Zur Sektionsklausel in den Aufnahmebedingungen von Krankenhäusern, JR 1973, S. 234 ff.
Haas, Lothar: Die Zulässigkeit klinischer Sektionen, NJW 1988, S. 2929 ff.
Hanack, Ernst-Walter: Rechtsprobleme bei Organtransplantationen, Studium Generale 23 (1970), S. 428 ff.
Hassemer, Winfried: Theorie und Soziologie des Verbrechens, Frankfurt a.M. 1973.
Holtzendorff, Franz von: Handbuch des deutschen Strafrechts Band III, Berlin 1872.
Holznagel, Bernd: Die Vermittlung von Spenderorganen nach dem geplanten Transplantationsgesetz, DVBl. 1997, S. 393 ff.
Hubmann, Heinrich: Das Persönlichkeitsrecht, Münster, Köln 1953.
Jansen, Hans Helmut: Nutzen der klinischen Sektion für den medizinischen Fortschritt -relativ zur Zahl- aus der Sicht des Pathologen; Vortrag im Rahmen des IV. Einbecker Workshop vom 13. bis 14. Oktober 1990, abgedruckt in: MedR 1991, S. 246 f.
Jehring, Rudolf von: Über den Grund des Besitzschutzes, Leipzig 1869.
Jeschek, Hans-Heinrich: Lehrbuch des Strafrechts, Allgemeiner Teil, 5. Auflage, Berlin 1996.
Kaiser, Günther: Juristische und rechtspolitische Probleme der Transplantation und Reanimation, Med.Klin. 62 (1967), S. 643 ff.
Kaiser, Günther: Künstliche Insemination und Transplantation, in: Göppinger, H. (Hrsg.), Arzt und Recht, München 1966, S. 58 ff.

Kallmann, Rainer: Rechtsprobleme bei der Organtransplantation, FamRZ 1969, S. 572 ff.
Kirschbaum, E.: Rechtliche Zulässigkeit von Organverpflanzungen vom toten Spender auf einen Kranken, Med.Klin. 66 (1971), S. 1627 ff.
Kleinknecht, Theodor/ Meyer-Goßner, Lutz: Strafprozeßordnung, 43. Auflage, München 1997.
Kluth, Winfried/ Sander, Birgit: Verfassungsrechtliche Aspekte einer Organspendepflicht, DVBl. 1996, S. 1285 ff.
Kößling, F. K.: Sonstige Zwecke der Obduktion und Sektion (Versicherungsrecht, Seuchenrecht, Nachweis von Arztfehlern etc.); Vortrag im Rahmen des IV. Einbecker Workshop vom 13. bis 14. Oktober 1990, abgedruckt in: MedR 1991, S. 249 f.
Kohlhaas, Max: Rechstfragen zur Transplantation von Körperorganen, NJW 1967, S. 1489 ff.
Korthals, Gernot: Strafrechtliche Probleme der Organtransplantation, Diss.Hamburg 1969.
Kreß, Claus: Das Sechste Gesetz zur Reform des Strafrechts, NJW 1998, S. 633 ff.
Kuckuk, Bernd: Der Hamburger "Entwurf zur strafrechtlichen Regelung der Organtransplantation" -Reform ohne Programm?, JR 1974, S. 410 ff.
Lackner, Karl: Strafgesetzbuch, 22. Auflage, München 1997.
Laufs, Adolf: Schutz der Persönlichkeitssphäre und ärztliche Heilbehandlung, VersR 1972, S. 1 ff.
Laufs, Adolf: Fortschritte und Scheidewege im Arztrecht, NJW 1976, S. 1121 ff.
Larenz, Karl: Methodenlehre der Rechtwissenschaft, 6. Auflage, Berlin 1991.
Laubenthal, Klaus: Einheitlicher Wegnahmebegriff im Strafrecht?, JA 1990, S. 38 ff.
Laubenthal, Klaus: Anmerkung zu OLG Zweibrücken, JR 1992, S. 212, JR 1992, S. 213.
Linck, Joachim: Gesetzliche Regelung von Sektionen und Transplantationen, JZ 1973, S. 759 ff.
Linck, Joachim: Vorschläge für ein Transplantationsgesetz, ZRP 1975, S. 249 ff.
Maiwald, Manfred: Zur Ermittlungspflicht des Staatsanwalts in Todesfällen, NJW 1978, S. 561 ff.
Mangoldt, Herrmann von/ Klein, Friedrich: Das Bonner Grundgesetz, Band 1: Präambel, Art. 1 bis Art. 5, 3. Auflage, München 1985 (zitiert Stark).

Maunz, Theodor/ Dürig, Günter/ Herzog, Roman/ Scholz, Rupert: Grundgesetzkommentar, Band I, Art. 1 bis 12, München 1996 (zitiert Bearbeiter in Maunz/Dürig).

Maurach, Reinhard/ Schroeder, Friedrich/ Maiwald, Manfred: Strafrecht, Besonderer Teil, Teilband 1, Straftaten gegen Persönlichkeits- und Vermögenswerte, 8. Auflage, Heidelberg 1995 (zitiert BT 1); Besonderer Teil, Teilband 2, Straftaten gegen Gemeinschaftswerte, 7. Auflage, Heidelberg 1991 (zitiert BT 2).

Maurach,Reinhard/ Zipf, Heinz: Strafrecht, Allgemeiner Teil, Teilband 1, Grundlehren des Strafrechts und Aufbau der Straftat, 7. Auflage, Heidelberg 1987 (zitiert AT 1).

Münchener Kommentar zum Bürgerlichen Gesetzbuch, hrsg. von Kurt Rebmann, Franz Säcker, Roland Rixecker; Band 9, Erbrecht, 3. Auflage, München 1997
(zitiert MüKo-Bearbeiter).

Otto, Harro: Der Wegnahmebegriff in §§ 242, 289, 168, 274 I Nr. 3 StGB, § 17 II Nr. 1 c UWG, Jura 1992, S. 666 ff.

Otto, Harro: Grundkurs Strafrecht, Die einzelnen Delikte, 2. Auflage, Berlin 1982 (zitiert GKBT).

Palandt, Heinrich: Bürgerliches Gesetzbuch, 57. Auflage, München 1998.

Petri, Bernd/ Voelske, Thomas/ Wagner, Axel: Gesetzliche Unfallversicherung, Sozialgesetzbuch VII, Basiskommentar zum SGB, Köln 1998.

Peuster, Witold: Aktuelle Probleme des Transplantations- und Leichenrechts, Med.Klin. 67 (1972), S. 682 ff.

Rehbein, H./ Reincke, O.: Allgemeines Landrecht für die preußischen Staaten, Band 1, 4. Auflage, 1889.

Roesch, Heinz: Transplantationsprobleme in haftungsrechtlicher Sicht, VersR 1970, S. 1084 ff.

Roxin, Claus: Zur Tatbestandsmäßigkeit und Rechtswidrigkeit der Entfernung von Leichenteilen (§ 168 StGB), insbesondere zum rechtfertigenden Notstand (§ 34 StGB) -OLG Frankfurt, NJW 1975, S. 271 (entspricht JZ 1975, S. 379), JuS 1976, S. 505 ff.

Rüping, Hinrich: Der Schutz der Pietät, Goltdammer`s Archiv für Strafrecht 1977, S. 299 ff.

Samson, Erich: Legislatorische Erwägungen zur Rechtfertigung der Explantation von Leichenteilen, NJW 1974, S. 2030 ff.

Schlaudraff, Udo: Diskussionsbeitrag zur Frage der Ethik von Sektionen an Hochschulkliniken; Vortrag im Rahmen des IV. Einbecker Workshop vom 13. bis 14. Oktober 1991, abgedruckt in: MedR 1991, S. 250 ff.
Schmidhäuser, Eberhartd Form und Gehalt der Strafgesetze, Göttingen 1988.
Schmidhäuser, Eberhartd Strafrecht, Allgemeiner Teil, 2. Auflage, Tübingen 1984 (zitiert AT).
Schmidhäuser, Eberhartd Strafrecht, Besonderer Teil, 2. Auflage, Tübingen 1983 (zitiert BT).
Schmidt, Eberhard: Der Arzt im Strafrecht, Leipzig 1939.
Schönke, Adolf/ Schröder, Horst: Strafgesetzbuch, 25. Auflage, München 1997 (zitiert Sch/Sch-Bearbeiter).
Schreiber, Hans-Ludwig: Die rechtliche Zulässigkeit der Transplantatentnahme, Der Internist 1974, S. 551 ff.
Schreiber, Hans-Ludwig: Vorüberlegungen für ein künftiges Transplantationsgesetz, in: Festschrift für Ulrich Klug zum 70. Geburtstag, Band II, Köln 1983 (zitiert Klug-FS).
Seelmann, Kurt: Grundfälle zu den Eigentumsdelikten, JuS 1985, S. 199 ff.
Soergel, Hans Theodor/ Siebert, Wolfgang: Bürgerliches Gesetzbuch, Band 9, Erbrecht, 12. Auflage, Stuttgart 1987 - 1992 (zitiert Soe/Sie-Bearbeiter).
Steffen, Ulrich: Zur Strafbarkeit der klinischen Sektion gemäß § 168 StGB, Sinzheim 1996.
Stentenbach, Berthold: Der strafrechtliche Schutz der Leiche, Diss.Köln, 1992.
Sternberg-Lieben, Detlev: Strafrechtlicher Schutz der toten Leibesfrucht (§ 168 StGB n.F.), NJW 1987, S. 2062 f.
Strafgesetzbuch, Leipziger Kommentar: bgr. von Ebermeyer, Lobe, Rosenberg; hrsg. von Hans-Heinrich Jeschek, Wolfgang Ruß und Günther Willms; 10. Auflage, Berlin 1979 - 1989 (zitiert LK-Bearbeiter) und 11. Auflage, hrsg. von Burkhard Jähnke, Heinrich Wilhelm Laufhütte und Walter Odersky, Berlin 1990 - 1997 (zitiert LK11-Bearbeiter).
Struckmann, Horst: Obduktion ohne Anhörung der Angehörigen?, NJW 1964, S. 2244 f.
Systematischer Kommentar zum Strafgesetzbuch, hrsg. von Hans-Joachim Rudolphi, Eckhard Horn und Erich Samson, 6. Auflage, Neuwied 1995 - 1997 (zitiert SK-Bearbeiter).
Trockel, Horst: Die Rechtswidrigkeit klinischer Sektionen, Berlin 1957.
Trockel, Horst: Die Rechtfertigung ärztlicher Eigenmacht, NJW 1970, S. 489 ff.

Trockel, Horst: Das Recht zur Vornahme einer Organtransplantation, MDR 1969, S. 811 ff.

Tröndle, Herbert: Strafgesetzbuch und Nebengesetze, 48. Auflage, München 1997.

Weimar, Wilhelm: Zum Aneignungsrecht an Herzschrittmachern des Erblassers, JR 1979, S. 363 f.

Welzel, Hans: Das Deutsche Strafrecht, 11. Auflage, Berlin 1969.

Welzel, Hans: Der Gewahrsamsbegriff und die Diebstähle in Selbstbedienungsläden, Goltdammer`s Archiv für Strafrecht 1960, S. 257 ff.

Wessels, Johannes: Strafrecht, Allgemeiner Teil, die Straftat und ihr Aufbau, 27. Auflage, Heidelberg 1997 (zitiert AT).

Wessels, Johannes: Strafrecht, Besonderer Teil, Band 2, 20. Auflage, Heidelberg 1997
(zitiert BT).

Westermann, Harm Peter: Zur Rechtsfindung im medizinisch juristischen Grenzbereich, FamRZ 1973, S. 614 ff.

Wolfslast, Gabriele: Transplantation ohne Gesetz?, MMW 124 (1982), S. 105 ff.

Yi, Sang-Don: Wortlautgrenze, Intersubjektivität und Kontexteinbettung-Das strafrechtliche Analogieverbot, Frankfurt a.M., 1992.

Zimmermann, Reinhard: Gesellschaft, Tod und medizinische Erkenntnis, NJW 1979, S. 569 ff.

Aus unserem Verlagsprogramm:

Strafrecht in Forschung und Praxis

Moon-Ho Song
Grundlagen des Maßregelrechts
Eine dogmatische und kriminalpolitische Studie zum Vergleich von deutschem und koreanischem Strafrecht
Hamburg 2000 210 Seiten ISBN 3-8300-0194-0